健康中国背景下体育锻炼与积极老龄化研究

郭玉江 著

人民体育出版社

图书在版编目（CIP）数据

健康中国背景下体育锻炼与积极老龄化研究 / 郭玉江著. -- 北京：人民体育出版社，2024 (2025.7 重印)
ISBN 978-7-5009-6447-6

Ⅰ.①健… Ⅱ.①郭… Ⅲ.①体育锻炼—研究—中国②人口老龄化—研究—中国 Ⅳ.①G806②C924.24

中国国家版本馆CIP数据核字(2024)第072373号

健康中国背景下体育锻炼与积极老龄化研究

郭玉江　著
出版发行：人民体育出版社
印　　装：北京盛通印刷股份有限公司

开　本：710×1000　16开本　　印　张：9.25　　字　数：138千字
版　次：2024年9月第1版　　印　次：2025年7月第2次印刷
书　号：ISBN 978-7-5009-6447-6
定　价：58.00 元

版权所有·侵权必究
购买本社图书，如遇有缺损页可与发行与市场营销部联系
联系电话：（010）67151482
社　　址：北京市东城区体育馆路8号（100061）
网　　址：https://books.sports.cn/

目 录

第一章 健康中国、全民健身与积极老龄化发展背景阐述 1

    第一节 积极老龄化的内涵与时代意义 1
    第二节 健康中国与全民健身战略 12

第二章 积极老龄化视域下体育锻炼心理效益研究进展 24

    第一节 体育锻炼的心理效益研究进展综述 25
    第二节 研究存在的问题与未来展望 33

第三章 健康中国背景下太极拳与积极老龄化 38

    第一节 太极拳与中医养生理论的同构性 39
    第二节 太极拳的养生价值 46
    第三节 太极拳与老年人身心健康 49

第四章 健康中国背景下休闲体育与积极老龄化 55

    第一节 空竹运动与积极老龄化 55

第二节　DJ酷走与积极老龄化　62

第五章　健康中国背景下少林禅武医与积极老龄化　67

第一节　少林禅武医养生文化基本内涵　68

第二节　少林禅武医生态养生特征　72

第三节　少林禅武医养生与积极老龄化实践　76

第六章　健康中国背景下瑜伽运动生态女性意蕴与积极老龄化　85

第一节　生态女性主义视域下的"男权体育"批评　85

第二节　瑜伽运动的生态女性主义意蕴契合积极老龄化内涵　88

第三节　瑜伽运动与老年人身心健康　95

第七章　健康中国背景下体育锻炼与积极老龄化实证研究　99

第一节　老年人体育锻炼、积极老龄化现状及相关关系　99

第二节　基于中介变量探索的体育锻炼对积极老龄化的影响　117

参考文献　141

第一章
健康中国、全民健身与积极老龄化发展背景阐述

第一节 积极老龄化的内涵与时代意义

一、老龄化与老龄化社会

（一）相关概念界定

"老龄化"是一个广泛的概念，从生物学角度看，它是随年龄的增长，生物体从细胞、组织、分子水平、器官等方面均发生退行性衰老变化。1956年联合国发布的《人口老龄化及其社会经济后果》中提出了老龄化的标准，即当65岁及以上的老年人口数量占总人口数量的比例高于7%时，该地区或国家就进入人口老龄化阶段。1982年老龄化问题世界大会也划分了老龄化标准，该会议指出当60岁及以上老年人口数量占总人口数量的比例高于10%时，可判定该地区或国家进入老龄化。1986年出版的《人口学辞典》将老龄化解释为：人口中老年人口比重提高的现象，尤其指已达年老状态的人口中老年人口比重持续提高的过程。目

前,世界卫生组织对老龄化的划分标准是:当65岁以上老年人口数量占总人口比例高于7%时,该地区或国家就称为老龄化社会,比例达14%时为老龄社会,达20%则为超老龄社会。这些标准都是基于老年人口比例的分析,旨在提供一种量化的方法来描述人口年龄结构的变化。

(二)老龄化社会

老龄化社会是指老年人口在总人口中达到或超过一定比例的人口结构模型。按照国际通用标准,60岁及以上老年人口占总人口的比例达到10%,即被认定为老龄化社会。自1999年我国进入老龄化社会以来,老年人口数量持续增加,截至2017年末,全国60岁及以上老年人口已达2.41亿,占总人口的17.3%,预计中国人口老龄高峰将在2030年左右,并持续20余年。老龄化将是未来数十年里必须面临的重大问题。老龄化是社会进步的必然结果,是经济发展、生活水平改善、人口质量提升、社会进步的表现,但也会对经济社会发展产生很多不利影响,具体表现为我国老龄化发展伴随高龄、高速、规模大、结构失衡等问题,"未富先老"及"人口红利"的消失都会给中国经济带来挑战。因此,我们必须高度重视老龄化问题,并积极采用合理的方式来缓解当前迫切需要解决的老龄化现状。

(三)我国人口老龄化特点分析

1. 老龄化趋势迅猛

当前,我国老龄化趋势越发明显,80岁以上老年人以每年5%的比例上涨,预计到2040年,我国80岁以上老人会增加到7400万人,至2050年,我国65岁以上老年人口能够达到总人口的30%,即在中国每三个人中就会出现一个年龄在65岁以上的老人[1]。

2. 地区老龄化不平衡

一方面，20世纪70年代，受"少生优生，晚婚晚育"的计划生育政策的影响，城镇生育率较农村生育率低[2]；另一方面，随着城市化的不断发展，越来越多的农村年轻人走向大城市，农村独居老人和空巢老人增多，农村老龄化严重，这导致老龄化呈现出地区发展不平衡的趋势。

3. 高龄化走向加速

与一些发达国家相比，我国的高龄化老人所占人口总数比例并不是很高，但高龄化增速却在不断提高。相关研究表明，我国高龄化表现出两大突出特点：一是高龄老年人的数量相当庞大；二是未来10年高龄老人比例的增速将仅次于韩国，超过日本、美国等发达国家[3]。

二、积极老龄化

（一）积极老龄化内涵

"积极"英文是positive，有正面的、肯定的、热心的、进取向上的、促进发展之意。依据WTO积极老龄化理论，"积极"是指不断参与经济、社会、文化、政治、精神等活动，也包括身体活动能力或从事体

---

[1] 孙鹃娟, 杜鹏. 中国人口老龄化和老龄事业发展报告[M]. 北京：中国人民大学出版社：中国人民大学研究报告系列, 2016.
[2] 方琪, 周世虹. 我国人口老龄化问题及其对策分析[J]. 锦州医科大学学报：社会科学版, 2017, 15（4）：31-34.
[3] 孙鹃娟, 高秀文. 国际比较中的中国人口老龄化：趋势、特点及建议[J]. 教学与研究, 2018（5）.

力劳动的能力,强调老年人对家庭、国家、社会所做的积极贡献[1]。

积极老龄化是在成功老龄化和健康老龄化等概念的基础上提出的,其内涵更加丰富、领域更加广泛。积极老龄化是指老年人为提高生活质量和水平,使健康、参与、保障的机会尽可能发挥至最大效益的过程[2]。理论基础在于认同老年人应该享有权利,坚持联合国有关独立、参与、照顾、自我实现的老年人原则,以实现老年人的生理、精神、社会福祉为目的,为他们提供充足的保障,尽可能创造一切可能的条件,使其根据自己的需求、意愿和能力积极参与社会事务。

(二)积极老龄化三大支柱

积极老龄化是解决诸如人口老龄化等全球问题的一项社会策略,需要国际、国家、地区和地方的共同努力。在这个全球化越来越紧密的世界里,如果一个国家在解决这个问题上出现失误,那么它将给整个国际社会带来不利的社会、经济和政治影响。根据世界卫生组织的数据显示,老年人健康状况的改善,可以延长其寿命和提高生活质量。而老年人的社会参与度的提高,可以促进他们的身心健康和自我实现。此外,政府、社区和家庭对老年人的保障可以有效提升老年人的生活保障水平和社会地位,进而推动积极老龄化的发展。所以,积极老龄化是实现可持续发展目标的重要组成部分,需要全球范围内的共同努力[3]。

在第二次世界老龄化问题会议中,提出将"健康、参与、保障"三个主要支柱作为全球应对老龄化问题的重要理念。这一理念强调老年

---

[1] 秦艳玲.新建商品社区老年人日间照料中心设计研究[D].西安:西安建筑科技大学,2015.

[2] World Health Organization.Active Ageing:A Policy Framework[EB/OL].[2017-08-23].http://www.who.int/ageing/publications/active_ageing/en/

[3] Bongaarts J. United Nations Department of Economic and Social Affairs,Population Division World Family Planning 2020:Highlights United Nations Publications p[J]. Population and Development Review,2020,46(4).

人的健康、参与和保障是相互关联、不可分割的。其中，"健康"是指改善老龄化人口的生活品质，减少由老龄化引起的病症，并且达到治愈和恢复目的，从而延长其社会参与时间。"参与"是指在自己能力范围内，根据自己的需要和愿望，继续参与经济、社会、文化等公共领域的各种公共活动，如家庭照顾等，并将自己积累的知识、技能和经验不断贡献给家庭、社区和社会。最后，"保障"是指政府、社区、家庭对丧失生活自理能力的老人给予政策和经济上的补助、救助和服务，以维持他们的体面的生活。在这些因素中，健康是基础，保障是目的，参与是核心；健康是参与的前提，而适度参与可延长身心健康的时间维度，提升自我保障的能力，是最好的健康良药和最有效的保障途径[1]。三个支柱的有机整合和统一是促进老年人生活积极老龄化的根本原则。

（三）从健康老龄化到积极老龄化的转变

1.健康老龄化概念

广义上讲，健康老龄化主要包括老年人个体健康、老年群体的健康及人文环境健康三个方面，通过不同专家学者对其内涵的探讨，可以发现健康老龄化是以老年人个体的健康老化作为前提和基础，强调其健康长寿，以实现群体健康的目的；注重提高老年人群体的生活质量，不仅关注老年人个体和群体寿命的延长，而且要着眼于健康寿命的延长[2]。为此，采用量化的方式对老年人的健康进行评估，全面关注老年人群体社会、经济、文化等方面的健康状况，以促进健康老龄化的实现。

---

[1] 杨菊华，史冬梅.积极老龄化背景下老年人生产性资源开发利用研究[J].中国特色社会主义研究，2021（5）.
[2] 董建坤，邢以群，张大亮，等.健康老龄化：理念、体系、能力与评估[J].卫生经济研究，2023，40（4）：38-42.

2. 从"以需求为基础"到"以权利为基础"

随着老龄化的不断加剧，人们越发地认识到人口老龄化给社会带来的影响。为了缓解这种压力，20世纪80年代，联合国在维也纳召开了第一届世界老龄化大会，这标志着人口老龄化已成为公认的社会现象。基于这一背景，"健康老龄化"被提出，致力缓解人口老龄化给社会带来的巨大压力。这是由于当时人们对"健康"的需求而出现的，期望通过健康老龄化实现大部分老年人在老年时期保持生理、心理、社会适应能力等方面的良好状态。然而，健康老龄化仅将"健康"视为一种需求，其参与和保障方式仅停留在保持健康的层面，而非实现健康的目的。因此，需要进一步提升"健康老龄化"的学术和应用性，以更好地应对人口老龄化所带来的挑战[1]。

2002年第二届世界老龄化大会上提出，要促进"不分年龄人人共享""人们在增龄过程中，在生活的各方面享有平等的权利"。老年人的健康不仅是身体层面的健康，还需要社会给予保障和支持，提高其心理健康水平。积极老龄化正是在这一站位下提出的，并实现了从"需要"到"权利"的转变。这种转变意味着老年人有权利充分发挥自己的潜力，参与社会生活和事务，同时在适当的时候，社会会给予充分的保护与照料。因此，积极老龄化对老年人的健康、参与和保障的要求，不仅仅是一种需求，更是一种权利，这为老年人在社会中的地位和权益提供了有力的保障。

3. 从"被动照顾"到"主动参与"

在传统意义上，老年人往往被视为社会的负担，是需要被关怀、被照顾的对象，但社会却忽视了他们也是积极的、能动的、创造性的个

---

[1] 陆杰华，阮韵晨，张莉.健康老龄化的中国方案探讨：内涵、主要障碍及其方略[J].国家行政学院学报，2017，No.110（5）：40-47，145.

体。社会所倡导的"健康老龄化"将保持老年人的健康作为首要任务，某种程度上也暗示了老年人是"被照料"的角色。这种观念的存在限制了老年人个体的发展，也无法充分利用老年人的智慧和经验。

联合国第二届世界老龄化大会上倡导用积极老龄化取代健康老龄化，是对传统意义老年人群体形象的颠覆。积极老龄化中的"积极"表达了老年人有身体活动或参与体力、脑力劳动的能力，以及参与这些活动或劳动的权利与要求。积极老龄化较健康老龄化更为全面，其内涵深刻广泛，转变了传统意义上对老年人的固有看法，转变以往将老年人看作社会负担、消极、被动的个体，转而以新的视角将老年人看作国家、社会的财富，是积极、主动的个体，实现由"被照顾者"向社会生活的"主动参与者"转变。这种新的理念不仅能够促进老年人的个体发展和社会参与，也有助于提高社会对老年人的认知和理解，实现老年人与社会的和谐共处[1]。

4. 从"关注健康"到"全面发展"

健康是健康老龄化最为关注的问题，一经提出与落实，在老年人的生活自理能力、生活质量与水平、减少家庭与社会的负担方面做出了巨大贡献。

积极老龄化强调健康却又不仅局限于健康，站在新的视角着重解决老年人独立、参与、照顾、自我实现与尊严等问题。联合国《积极老龄化政策框架》强调在健康、参与、保障三方面采取行动，从而达到老年人全面发展的目的。用"积极"一词来解释老龄化，取代过去"消极"的观点，从关注老年人群体转而关注贯穿生命历程每一个阶段的人的全面发展。研究表明，退休老年人闲暇之余有能力也有权利参与到社会发展中来，不仅可以充分发挥自己的兴趣与潜能，为家庭、社会和国家做

---

[1] 晏月平，李雅琳. 健康老龄化到积极老龄化面临的挑战及策略研究[J]. 东岳论丛，2022，43（7）：165-175，192.

贡献，而且，对于缺乏劳动力的国家来说，健康状况良好的老年人继续参加工作，有利于弥补养老金支出和收入计划。

综上所述，健康老龄化与积极老龄化并不冲突，积极老龄化是对健康老龄化的进一步发展，是对它的坚持与升华。积极老龄化的实现需要全社会转变观念，共同参与，鼓励老年人群体以更加积极、主动的态度应对老龄化过程，充分发挥自己的潜能与作用，为社会做出应有的贡献。

（四）实施积极老龄化战略的可行性与必要性

1. 可行性

我国是世界上人口最多的国家，也是人口老龄化进程最严重的国家。积极老龄化政策是世界各国应对人口老龄化的最佳选择。因此，要妥善应对人口老龄化给我国带来的沉重负担和压力，最恰当的做法就是坚持实施积极老龄化政策。

（1）政策支持

党的十九大报告指出：要积极应对人口老龄化，构建养老、孝老、敬老政策体系和社会环境，推进医养结合，加快老龄事业和产业发展[1]。2019年11月随着《国家积极应对人口老龄化中长期规划》的发表，应对老龄化已成为国家战略。《规划》指出老龄化问题是社会发展的重要趋势，将是我国今后很长一段时间内的基本国情，并对积极应对老龄化作了重要部署[2]。《"健康中国2030"规划纲要》和《全民健身计划纲要》同时指出要关注老年人的健康问题，增加老年人对身体素质和锻炼

---

[1] 习近平. 决胜全面建成小康社会夺取新时代中国特色社会主义伟大胜利——在中国共产党第十九次全国代表大会上的报告[N]. 人民日报，2017-10-28.
[2]《国家积极应对人口老龄化中长期规划》应对老龄化上升为国家战略[EB/OL]. [2019-11-21]. https://www.gov.cn/zhengce/2019-11/21/content_5454347.htm.

的参与。可见,老龄化问题是现代社会和学术界关注的热点问题。对于目前处于老龄化社会的我国来说,尽快实施积极老龄化战略尤为重要。这将有助于缓解老龄化所带来的各种社会问题,使老年人更好地融入社会生活,发挥其应有的作用。

(2)重视资源开发利用

一直以来,老年群体常被认为是弱势群体,社会上对老年人的歧视极为普遍,许多国家政策甚至对老年人口做出了强制性规定。这样做的结果会导致老年人心理压力大,思想包袱严重,认为自己被社会边缘化和缺失安全感,显然阻碍了社会的长期稳定与和谐发展。如今,随着老年人口逐渐增多,老年人群不再是弱势群体,在社会生活中的作用和意义也得到了广泛认可[1]。要妥善解决老年人的安全感问题,首先要从根本上改变固有思维,其次要在尊重的基础上信任老年人群体。只有这样,才能发挥老年群体的宝贵财富,为社会做出重大贡献。当前,我国更加重视老年人人力资源的开发,实施"积极老龄化"战略也得到了政府的大力支持,这为我国老年人的安全保障和全面发展提供了可行的重要条件。

(3)观念转变

随着积极心理学的发展,人们的关注点逐渐转向潜能、力量、优势、美德等积极的方面,探讨人类社会的价值所在。2002年,WHO将积极老龄化作为应对全球老龄化问题的新战略。积极老龄化转变传统的消极、被动的态度,转而以一种更加积极、主动的方式看待老年人的老化过程。积极老龄化不仅是一种观念,同时也是一种理论和政策框架,它对提升老年人的生活质量和应对人口老龄化有指导意义[2]。

---

[1] 江颖.老龄化社会下老年职业教育发展路径探究——兼论学习成果资历框架融通的作用 [J].教育与职业,2023,1030(6):65-72.
[2] 同春芬,刘嘉桐.积极老龄化研究进展与展望[J].老龄科学研究,2017,5(9):69-78.

2. 必要性

老龄化是社会发展到一定程度的必然结果，但老龄化社会的出现也会给社会经济发展带来巨大压力。当前，社会财富创造和现代化不能满足人口老龄化快速发展的需要，导致经济发展与人口老龄化之间的矛盾突出。从本质上讲，人口老龄化程度并不是社会经济压力的决定因素，但人口老龄化的保障必须有足够的经济基础和社会资源。人口老龄化的出现给老年人的身心健康、家庭养老及经济发展、社会稳定等方面带来一系列问题。

（1）人口老龄化影响老年人身心健康

老年人本身就是社会的弱势群体。随着年龄的不断增长，老年人的免疫功能会逐渐下降，生理功能开始退化。老年痴呆症、心脑血管疾病、风湿病等都是老年人常见的疾病。由于自身健康和社会角色的变化，老年人往往容易产生悲观、抑郁、孤独、焦虑等一系列消极心理和情绪。如今的家庭结构模式越来越小，儿女们忙于工作，即使在家也顾不上照顾老年人。因此，很多老年人精神状态不佳，需要社会的关心和理解。

（2）人口老龄化影响家庭养老方式

目前，第一代独生子女的父母已逐步步入退休养老行列，未来30年，独生子女父母老龄化规模将进一步扩大，我国即将迎来独生子女养老高峰期。这个问题已经成为了一个重要的社会问题，需要采取有效措施加以解决。

从国家层面看，随着人口老龄化和养老金负担的加剧，加之我国"未富先老"的现实，尤其是进入"十四五"时期，我国60岁以上人口将在2020年由2.64亿人增加到3.09亿人，80岁及以上老年人口将从2020年的3580万增加到2025年的4200万，其中独生子女父母将逐步成为新增老年人口的主体，与多子女的父母相比，他们对养老保障的需求更为迫切，导致国家养老保险支出压力逐步加大[1]。对于"四二一"家庭结构来说，无论是给予老人物质上的照顾，还是精神上的慰藉，现代家庭面临着更大压力，需要采取措施加以缓解。

（3）人口老龄化影响我国经济高质量发展

随着老年人口的增加，社会经济发展所需的劳动力将不足，这将对整个经济发展的速度和质量产生一定的影响。同时，老年人口的增多会加重养老负担，养老费用的增加会挤占科技创新资金，进而影响社会生产效率[2]。因此，积极应对人口老龄化是实现经济高质量发展的必然选择。我们需要立足新的发展阶段，贯彻新的发展理念，加强养老服务体系建设，提高老年人的生活质量和幸福感，为经济高质量发展提供有力支撑。总之，只有通过积极应对人口老龄化，促进经济高质量发展，才能实现经济社会可持续发展的目标，为人民群众日益增长的美好生活需要提供更加优质的服务。

（4）人口老龄化影响我国社会持续稳定

随着我国城镇化进程的不断加快，资源日益紧缺，造成社会经济持续震荡的同时，进一步推动了人口老龄化对社会发展的影响。城市化进程促使劳动力不断从农村向城市转移。虽然大量人力资源的积累在很大程度上弥补了城市中青年群体的不足，但也给城市带来了巨大的压力，就业压力、社会保障等方面受到较大冲击。同时农村人口老龄化的速度加快，人口老龄化的城乡差距也将持续扩大。相比城镇，农村在养老、医疗和就业体系上的发展相对滞后，如果不能及时在技术上与制度上适应人口结构的变化，加速的农村人口老龄化进程可能会对农村的经济和

---

[1] 睢党臣，程旭，李丹阳. 积极应对人口老龄化与我国独生子女父母自我养老问题[J]. 陕西师范大学学报（哲学社会科学版），2022，51（2）：61-72.
[2] 曹聪灵，肖国安. 人口老龄化对经济高质量发展的影响——基于企业创新视角[J]. 湘潭大学学报（哲学社会科学版），2022，46（3）：79-84.

社会发展带来一定的冲击和挑战，进一步影响社会稳定[1]。

综上所述，人口老龄化的出现给社会发展带来一系列诸如影响经济发展、社会安定等问题，这些问题严重阻碍社会的进步，此时，要扭转这种局势就必须选择积极老龄化政策这一世界公认的可行办法来解决当前问题。该政策旨在提高老年人的健康水平、增加其社会参与度和保障其生活需要，从而实现老年人在社会中的积极作用和价值。同时，积极老龄化政策能够缓解老龄化所带来的经济压力，促进社会的长期稳定和可持续发展[2]。

第二节　健康中国与全民健身战略

一、健康中国战略

（一）健康中国上升为国家战略

健康是人民最具普遍意义的美好生活需要，也是社会进步的重要标志和潜在动力。为推进健康中国建设、提高人民健康水平，2016年10月，国务院印发《"健康中国2030"规划纲要》（以下简称《规划》），健康中国上升为国家战略，至此人民的健康也提升到了新的高度。《规划》指出：保障全民健康，要突出解决好老年人、妇女儿童、残疾人、流动人口、低收入人群等重点人群的健康问题，优化健康文明的生活方式，推进健康中国建设，把人民健康放在优先发展的战略地

---

[1] 高鸣.中国农村人口老龄化：关键影响、应对策略和政策构建[J].南京农业大学学报（社会科学版），2022，（4）.
[2] 朱火云.积极老龄化战略：概念内涵、欧盟经验及对中国的启示[J].社会保障评论，2022，6（6）：116-129.

位，为人民群众提供全方位全生命周期的健康服务。关于健康问题，人们所持观点不一，多数人认为拥有强健的体魄就是健康，事实上这种观点是非常片面的。健康不只是身体层面的，即躯体和器官，心理上的健康也是至关重要的，认知、情感、意志、人格特征都是不容忽视的，两者是相辅相成、相互作用的，同时，良好的社会适应能力也是个体健康的重要标志。健康是人的一项基本需求和权利，也是社会进步的重要标志和潜在动力。老年人是社会的特殊群体，其健康状况直接关系到国家和社会的发展。因此，我们要树立正确的健康观念，在落实健康中国政策时，为老年人提供安全健康的保障，同时社会成员要共同努力，给予老年人更多关心和支持，增进人民健康，促进社会发展。

（二）健康中国总体目标和意义

2022年，健康促进政策体系基本建立，全民健康素养水平稳步提高，健康生活方式加快推广，重大慢性病发病率上升趋势得到遏制，重点传染病、严重精神障碍、地方病、职业病得到有效防控，致残和死亡风险逐步降低，重点人群健康状况显著改善。到2030年，全民健康素养水平大幅提升，健康生活方式基本普及，居民主要健康影响因素得到有效控制，因重大慢性病导致的过早死亡率明显降低，人均健康预期寿命得到较大提高，居民主要健康指标水平进入高收入国家行列，健康公平基本实现[1]。

一人健康是立身之本，人民健康是立国之基。"我们党从成立起就把保障人民健康同争取民族独立、人民解放的事业紧紧联系在一起"。党的十八大以来，以习近平同志为核心的党中央提出了以人民为中心、以健康为根本的新时代健康观，将维护人民安全健康同中国共产党"人

---

[1]《国务院关于实施健康中国行动的意见》（国发〔2011〕5号）[EB/OL]．[2019-07-157]．http://www.gov.cn/zhengce/content/2019-07/15/content_5409492.htm．

民至上"的执政理念、实现中华民族伟大复兴的宏伟目标、巩固党长期执政的组织基础紧紧联系在一起[1]。他指出:"健康是促进人的全面发展的必然要求,是经济社会发展的基础条件,是民族昌盛和国家富强的重要标志,也是广大人民群众的共同追求。"因此,加强健康工作,保障人民健康,不仅是国家发展的必然要求,也是推进人的全面发展的重要保障,更是实现全面建设社会主义现代化国家的必然选择。

(三)健康中国与积极老龄化

健康中国建设是中国政府为社会发展作出的重要战略,旨在提高人民健康水平、促进社会发展。随着人口老龄化程度的加深,老年人健康问题日益凸显,积极老龄化也逐渐成为重要议题。健康中国建设与积极老龄化密切相关,两者相互促进、相得益彰。

1. 健康中国建设是实现积极老龄化的重要保障

健康中国是把人民健康放在优先发展位置的战略目标,积极老龄化夕阳工程则是党和国家对老年人的关怀。协同推进健康中国战略和积极应对人口老龄化国家战略,我们要不断满足老年人健康需求,稳步提升老年人健康水平,促进实现健康老龄化,强调生命质量为上。《"健康中国2030"规划纲要》[2]提到"健康预期寿命不断延长"这个目标。这里讲的预期寿命不断延长也就是人们通常所说的长寿。但是,不健康的长寿是没有意义的,有质量的生存才有价值。因此,这里所说的健康不仅包括身体健康,还包括心理健康。因此,在实现健康中国和健康老龄化的过程中,我们需要加强老年人生理和心理健康质量管理,提高老年人的健康水平和自我管理能力。同时,也要推广健康生活方式,预防老

---

[1] 钟瑞添,段丽君.习近平关于健康中国的重要论述及其意义[J].理论视野,2021,(3).

[2] 印发《"健康中国2030"规划纲要》[N].人民日报,2016-10-26(001).

年人患病，提供全方位全生命周期健康服务，满足老年人的需求。只有这样，才能促进老年人的身心健康，提高老年人的生活质量和幸福感，为实现健康老龄化提供重要保障。同时，积极老龄化也是健康中国建设的重要目标。

2. 健康中国和积极老龄化的结合与发展趋势

健康中国战略的实施，着眼于全体老年人的健康福祉，提出了全覆盖、均等化和友好型社会的目标。全覆盖意味着老年人无论城乡、地区、身份，都可以享受全面的健康服务。均等化则是针对现实中城乡、区域健康服务差异大的情况，要求积极推进城乡、区域老年健康服务均衡发展，确保老年健康服务公平可及。而友好型社会的构建则需要老年人积极适应数字发展，共享数字经济，同时实施老年人居家适老化改造工程，开展"智慧助老"行动，解决老年人"数字鸿沟"问题[1]。

在老年人的健康管理中，明确"第一责任人是自己"是非常重要的。老年人应提高健康意识，树立积极的老龄观，自觉地养成健康、积极的生活方式，通过健康饮食和规律的作息，提高主动健康能力，丰富生活，延长健康寿命。此外，老年人还应学习医疗保健知识和技能，利用医药保健提前预防疾病，例如学习中医养生保健知识、药膳食疗，掌握太极拳、五禽戏运动技能等[2]，增强身体素质，减少患病风险。这些做法不仅有助于老年人自身的健康，也有利于全面推进健康中国战略的实现，促进积极老龄化的发展。

未来，健康中国和积极老龄化的结合有望进一步加强。一方面，随着老年人口数量的增加和老年人健康需求的多样化，健康中国战略需要更加注重老年人的特殊需求，提供更加个性化、差异化的健康服务。另

---

[1] 伍小兰，李晶，黄石松. 中国老年健康服务的发展嬗变与趋势展望[J]. 行政管理改革，2023，161（1）：68-77.

[2] 付志华，付晓静. 从传播到实践："健康中国"背景下的健康促进研究[J]. 武汉体育学院学报，2021，55（12）：20-27.

一方面，积极老龄化需要更加注重老年人的健康保障，充分发挥老年人的潜力，促进老年人的社会参与和发展，最终实现积极老龄化和健康中国建设的双赢。

二、全民健身战略与积极老龄化

（一）"新时代"全民健身

"十三五"时期，在党中央、国务院坚强领导下，全民健身国家战略深入实施，全民健身公共服务水平显著提升，全民健身场地设施逐步增多，人民群众通过健身促进健康的热情日益高涨，经常参加体育锻炼人数比例达到37.2%，健康中国和体育强国建设迈出新步伐。

1. 全民健身发展现状

改革开放至今，我国人民的生活水平呈现出了跨越式增长，小康社会的到来为全民健身提供了基本社会环境。基于我国政府当前对全民健身的大力推广，我们能够发现社会呈现出一种蓬勃发展的态势，不论是稳定性还是社会经济的发展较之以往都出现了飞跃式的提高，在社会经济水平上升的大环境中，身处社会的人民生活水平也在不断上升。同样，伴随着人民生活水平的提高，空闲的时间与财富不断积累，人们不用再为温饱而不断压榨自身的身体健康。越来越多的人意识到追求身体健康的重要性，不论是老年人还是年轻人，"健身"这一概念在越来越多人心中生根发芽，越来越多的人意识到相较于直接的财富而言，健康的身体才是人的一生中拥有的永恒财富，不论在什么情况下，健康的体魄都不会远离自己的生活。我们可以认为全民健身的推广与人们参与到全民健身当中来存在着必然的联系，通过推广全民健身提升人们的生活质量，生活质量的提升会使得人们不断积累财富，之后人们便会参与到体育锻炼当中,这是一种良性的互相促进。然而,尽管当前我国的全民健身推广力度较强,但是依然不足以满足参与全民健身的人们越来越多的这一现状。因此我国必须更加大力的发展全民健身,不论在空间或是在器材上都需要加大投入力度,为人们营造出更为舒适的健身环境。

由于国家高度重视群众体育的发展,以及全民健身法律条例的完善,我国初步形成了比较健全的全民健身公共服务体系,全民健身制度建设趋于完善,竞技体育与大众体育协调发展,人民生活水平得到提高,体育参与度逐步提升。这一系列措施表明我国正致力建立全民健身体系,以推动全民健身事业的发展,促进人民身体健康和全面发展。在这个过程中,需要进一步加大投入力度,提高全民健身设施和设备的质量,满足人民对健身的需求,创造更加良好的健身环境。同时,还需要加强全民健身教育和宣传,提高人们对健身的认识和意识,培养全民健身的习惯和生活方式,推动全民健身事业的可持续发展。

2. 我国全民健身具体数据

所谓体育人口即一个国家参与体育锻炼并且达到一定频率的人数,体育人口的多少与所占比例直观地反映出一个国家全民健身的发展现状,它是体育活动在社会生活中普及的重要参考标准。根据2022年国家体育总局公布的《2022国民健身趋势报告》显示,近年来国民主动健身意识增强,养成健身习惯的人数明显增多,总体上呈现出积极健身的发展趋势。从参与人数上看,每周至少参加1次体育锻炼的人数比例为67.5%,比2014年统计的数据增长18.5%。从科学健身层面看,有意识主动参与健身运动的人群中有44.5%的老年人,68.5%的中青年人曾接受科学的健身指导。这两个数字与2014年调查相比,分别提高了3.7%和13.5%。从参与健身动机上看,有意识主动参与健身运动的人群中75.52%的人认为体育健身运动是为了身体健康,青少年健身参与动机更注重增强运动能力,老年人参与动机更注重增强心肺功能;访谈人群中72.1%的人认为体育锻炼作用不仅在身体健康层面,还增进社交关系和促进心理健康等；有意识主动参与健身运动的人群中56.2%的人参与健身运动的动力主要来自共同健身的伙伴的邀约，这一因素甚至超越了自身健身的自律性。

3. 老年人群健身活动

资料显示，国务院在《全民健身计划（2021—2025年）》[1]促进重点人群健身活动开展中提出，提高健身设施适老化程度，研究推广适合老年人的体育健身休闲项目，组织开展适合老年人的赛事活动；完善公共健身设施无障碍环境，开展残疾人康复健身活动；推动农民、妇女等人群健身活动开展。全民健身上升为国家战略是我国为缓解人口老龄化现象必须采取的措施，也是一个时间跨度长、意义重大的措施。那么对于个人层面来说，全民健身上升为国家战略的意义是非常深刻的。全民健身指全民参与体育运动，可强身健体，扩大社交，锻炼意志，提高自己生活水平和生活质量，提升全民的身体素质水平和社会素养，特别对于青少年而言，参与运动对其成长的积极意义非常重大。社会上普遍存在的"现代文明病"成为了人们开始体育锻炼的重要推动力，它使人们意识到体育锻炼的重要性，进而寻求更为合理的涵盖于生活当中的体育锻炼方式。将这一概念聚焦至老年人群体，我们能够显而易见地发现二者之间存在的必然联系，全民健身上升为国家战略，能够提升老年人身体素质，为广大老年群体造福。

随着经济的发展和老龄化社会的到来，推广全民健身、增强全民体质显得尤为重要。未来，运动养生、康复运动的需求将大幅提升。将全民健身上升为国家战略，有利于我国当前社会环境及人民的生活状态趋向以自然为核心、以健康为主体的发展模式。健身与医疗、休闲三者应当有机结合在一起[2]，进而衍生出一种以体育锻炼为主体，以保证身体

---

[1] 全民健身计划（2021—2025年）[N].人民日报，2021-08-04（1）.
[2] 杨易，刘冬磊，崔丽丽，等.我国老年人体育发展现状与策略[J].体育文化导刊，2023，249（3）：54-60，68.

健康为最终目的的养生产业链。这样的产业链不仅可以满足人们的健身需求，还可以提供相关的医疗服务和休闲娱乐，从而实现全民健康的全方位保障。在这个过程中，需要充分发挥政府的引导作用，加大对全民健身的投入，促进健身设施和设备的改善和升级，提高全民健身的普及率和参与度。同时，还需要加强全民健身教育和宣传，提高人们对健身的认识和意识，鼓励人们积极参与体育锻炼，形成健康的生活方式。

（二）全民健身对老年人身心健康的影响

1. 运动与身体健康

（1）促进心血管系统功能

人体通过血液循环，使器官与组织细胞从血液中获得氧气、营养物质等，并把代谢物如二氧化碳、多余的水等排出体外，保证新陈代谢的顺利进行，随着年龄增长，机体血管弹性和韧性减弱，血管内结缔组织功能下降，血压随之升高，从而导致心血管功能老化。

通过长期适当的运动不仅可延缓血管老化现象发生，还可增强血管的收缩与舒张功能，改善血管的韧性和弹性，减缓老年人血管疾病的发生；坚持体育锻炼能使心脏的收缩与舒张活动增强，心肌收缩力增加，能促进机体血液循环，增强机体的新陈代谢能力，使得老年人心脏供血效率有所改善，心输出量和每搏量可满足机体和器官代谢需要[1]。

（2）增强呼吸系统机能

肺位于胸腔内，是体内进行气体交换的器官，属于呼吸器官。血液

---

[1] 李瑾，杨玉婷，张培珍. 5种运动方式对心血管疾病及高风险中老年人心功能影响的网状Meta分析[J]. 护理学杂志，2022，37（22）：36-43，82.

中的氧由肺泡进入体内，然后参与血液循环。老年人的呼吸机能整体会有所下降甚至有疾病的产生，适当进行体育活动会使个体的呼吸频率加快，呼吸深度增加，肺活量提高。通过运动与锻炼能够增加气体的交换量，促进呼吸系统功能的增强，增加新陈代谢，因此长期进行体育锻炼会减缓老年人呼吸系统功能下降及预防疾病产生[1]。

（3）提高运动系统功能水平

在体育锻炼时，人体骨骼、关节不断进行挤压、扭转等活动，骨的形态结构和性能都发生良好的变化，骨密度增加使骨骼变得粗壮坚固，同时可提升关节的稳固性、灵活性，以及韧带的弹性与舒展性；大、小肌肉群持续得到收缩和舒张，能使肌纤维变粗，肌肉体积增大，骨骼表面附着的肌肉突起更加明显，因而肌肉显得粗壮、匀称、紧实而有力，并且增强肌肉的耐力与爆发力[2]。

2. 运动与心理健康

（1）改善心理状态

在适当的体育活动中，会使个体产生最优化的运动愉悦感。这种运动愉悦感对老年人群体的心情和情感影响是很大的，进行体育锻炼具有发泄、抵消、清退、抵抗负性情绪的作用，同时娱乐性的健身运动对老年人的心态是有正向影响的，适度的体育锻炼可以转移人体注意倾向，缓解和消散不良的情绪，能使老年人产生愉悦之感[3]。

---

[1] 王晶娟. 八段锦联合吸气肌力量训练对老年尘肺病人运动耐力和呼吸功能的影响[J]. 护理研究, 2022, 36（3）：562-564.

[2] 温鹏天, 张瑞丽, 胡文清, 等. 不同运动干预方式对老年人肌少症改善效果的Meta分析[J]. 中国康复理论与实践, 2021, 27（11）：1291-1298.

[3] 陈婷婷, 许明超, 温柔. 舞蹈活动对老年人负性情绪康复效果的系统综述[J]. 中国康复理论与实践, 2021, 27（6）：668-676.

（2）提升主观幸福感

主观幸福感以快乐论为基石，是个体对生活客观条件和所处状态的一种事实判断和对生活主观意义和满足程度的一种价值判断。以往研究发现进行愉快的、静养性的或有节奏的、娱乐性的体育运动会使老年人产生显著的短期情绪效应，从而形成愉悦的情绪状态，促进幸福心态的提升[1]。

（3）增强自信心

随着年龄的增长，老年人身体的各项生理指标都大幅下降，行动不便会使得老年人心理产生抑郁甚至孤僻的心理，通过进行体育运动，生理机能下降得到了控制，在体育锻炼中不断挑战自我，感受身体素质的增强，体验到更多的成功感，也促使老年人在运动中体验到压抑感的释放，产生满足感，这种积极的情绪体验对改善老年人自信心下降和抑郁心理具有直接的心理效益[2]。

3. 老年人身心健康的意义

（1）落实全民健身、健康中国、积极老龄化社会的基础

衰老是每个个体不可避免的过程，但这并不意味着老年人就应该被遗忘或被忽视，相反，我们应该给予老年人更多的关怀和支持，对他们的心理健康状况倍加关注，鼓励他们积极参加休闲健身活动，享受晚年生活的乐趣。随着全民健身和健康中国战略的实施，要求全国上下不

---

[1] 郑元男.体育锻炼对老年人的主观幸福感有影响吗？——关于中国老年休闲体育参与者的实证研究[J].中国体育科技，2019，55（10）：32-40.
[2] 张业安，李釜，杜恺，等.以人民为中心的体育主体性的实践逻辑[J].体育科学，2021，41（12）：30-38，97.

论男女老少都积极投入强身健体的队伍中，加强健康教育，提高身体素质，有利于促进社会整体健康水平的提升。

在实现积极老龄化的过程中，我们需要注意到老年人的特殊需求和困境，及时提供必要的支持和帮助。同时，我们也需要认识到老年人的智慧和经验的重要性，鼓励他们在社会各个领域发挥作用。这不仅有助于促进老年人的自我价值实现，也有助于推动社会的发展和进步。

（2）实现"六个老有"的重要心理保障

依据我国现实状况，老龄化将是未来相当长时期内的国情，老年群体作为社会的重点人群，其健康状况关系社会的发展。国家高度重视老年人的保障问题，提倡老年人"六个老有"，即老有所养、老有所医、老有所教、老有所学、老有所乐、老有所为[1]，从不同层面为老年人提供基本生活保障、医疗保障，带领老年人紧跟时代潮流、与时俱进地学习，鼓励和组织老年人发展自己的兴趣爱好、参加休闲活动，丰富精神文化生活，挖掘老年生活的价值与意义。健康不仅属于个人，而且是家庭和社会的宝贵财富，老年人只有树立正确的人生观、价值观、老年观和生死观，才能在健康、快乐中安度晚年，老有所为，实现人生价值。

（3）缓解人口老龄化压力，建立和谐社会的需要

《老年健康蓝皮书：中国老年健康研究报告（2018）》（以下简称《报告》）指出，我国面临老龄人口规模大、老龄化进程快，高龄化态势明显等问题。随着老龄化程度的加深，医疗保健、康复护理等方面的需求越来越大，所面临的压力会随之增加。《报告》指出，应科学看待人口老龄化，全面建立有利于老年健康事业发展的政策体系，推动医养结合和相关服务行业的发展，为老年人构建良好的环境。老龄化是社

---

[1] 黄毅，佟晓光. 中国人口老龄化现状分析［J］. 中国老年学杂志，2012，32（21）：4853-4855.

会发展的重要趋势，也是今后必须要面临的重点问题。在老龄化的背景下，要不断提高老年人的生活质量，提高社会的参与程度，促进社会的和谐发展。实现健康积极老龄化，有利于开发老年人的价值，实现老有所为，同时也可以减轻社会的养老压力，实现社会的良性运转，达到社会与老人双赢的态势。

第二章
积极老龄化视域下体育锻炼心理效益研究进展

老龄化已成为当今时代的社会现象，如何积极应对老龄化也成为各个领域的研究热点。在十九大报告中，习近平总书记提出要积极应对老龄化，《新时代积极应对人口老龄化发展报告（2018）》也指出[1]：人口老龄化是21世纪中国新的基本国情，也是我国现阶段及未来相当长一段时间内社会经济发展所面临的主要挑战。此前有成功老龄化和健康老龄化等概念，从概念上来看是将老龄化看作一种无疾病无残疾的老龄化，这从认识上就把老年人看成了社会发展的负担而非社会财富，而积极老龄化无论是从理论的优越性还是现实的必要性来说，都是应对老龄化的最佳策略。2002年，世界卫生组织对积极老龄化定义：人到老年时，为了提高生活质量，使健康、参与和保障的机会尽可能发挥最大效益的过程。积极老龄化要求老年人及全社会，即所有年龄组的人们，包括那些体弱者、残疾和需要照料者，积极主动地进行社会参与，发挥自己的潜能，延长预期寿命和提高生活质量，并将积极老龄化作为应对全球老龄化的新策略[2]。积极老龄化改变了传统观念中对老年人和老龄化的态度，既是一种观念，也是一种理论和政策框架，对应对人口老龄化

---

[1] 杜鹏，等. 新时代积极应对人口老龄化发展报告（2018）[M]. 北京：华龄出版社，2008.
[2] 刘文，焦佩. 国际视野中的积极老龄化研究[J]. 中山大学学报（社会科学版），2015，55（1）：167-180.

有指导意义[1]。身体锻炼可以有效增强老年人体质和促进心理健康，在此基础上也可以促进老年人更积极自觉地参与身体锻炼，这作为社会参与的一种方式已被大众广泛接受，因此，研究体育锻炼产生的心理效益对促进积极老龄化具有十分重要的理论和现实意义。

第一节 体育锻炼的心理效益研究进展综述

一、体育锻炼和积极情绪

积极心理学研究的重点是积极情绪和幸福感。积极情绪即正性情绪，是指个体由于体内外刺激、事件满足个体需要而产生的伴有愉悦感受的情绪[2]。在积极情绪状态下，个体会保持趋近和探索新颖事物，保持与环境的主动联结[3]。身体锻炼在生理机制上会改善人的情绪状态，锻炼会促进大脑释放多巴胺和肾上腺素等兴奋性神经介质，使人们产生快乐感，因此对影响情绪的大脑研究也日益增多。另外，运动愉悦感假说也认为运动时产生和体验到的愉快感，是一种积极的情绪体验。人步入老年，不仅生理、心理发生退化性变化，以及退休后社会角色和社会交往也会突然发生转变，难以快速接受并适应老年生活，随之产生一些消极情绪，例如失落感、孤独感及对死亡的敏感。研究表明，随着人体老化的产生，消极情绪会抑制老年人口语的产生[4]。但这不是老年情感

---

[1] 同春芬，刘嘉桐. 积极老龄化研究进展与展望[J]. 老龄科学研究，2017，5(9)：69-78.

[2] 郭小艳，王振宏. 积极情绪的概念、功能与意义[J]. 心理科学进展，2007(5)：810-815.

[3] 郑雪. 积极心理学[M]. 北京：北京师范大学出版社，2014：1-10.

[4] 黄韧，张清芳，李丛. 消极情绪抑制了老年人的口语产生过程[J]. 心理与行为研究，2017，15(3)：372-378.

世界的全部，如快乐、兴趣、满意等积极情绪更值得我们去关注，这些会使老年人产生自我发展的信心和勇气，促使老年人持续参与体育运动。

国内研究发现，体育锻炼有降低焦虑和抗抑郁的功能，体育锻炼后老年人积极体验较高，积极情绪增强，消极情绪降低[1][2][3]。莫概能等研究也证明健身气功·太极养生杖锻炼改善了老年女性消极情绪，可以诱发积极情绪，对老年女性心境状态改善和维持心理健康有积极作用[4]。国外研究证明身体活动水平越低，积极情绪得分越低[5]。国外元分析发现，身体锻炼与个体积极情绪的改善显著相关，短时有氧运动改善个体积极情感的效果量d为0.47[6]，而长期有氧运动对积极情绪的改善则更为明显（$d=0.57$）[7]。有研究指出，老年人不运动的原因是他们觉得运动缺乏乐趣和挑战[8]。另外，也有研究表明性别、锻炼频率、锻炼时间、锻炼项目与积极情绪有一定的相关关系[9]。张红[10]等人采用"简

---

[1] 孙延林，王志庆，姚家新，等.体育锻炼与心理健康：认知、焦虑、抑郁和自我概念的研究进展[J].生理科学进展，2014，45（5）：337-342.

[2] 蒋长好，陈婷婷.身体活动对情绪的影响及其脑机制[J].心理科学进展，2014，22（12）：1889-1898.

[3] 谭玉霞，崔冬雪，高峰，等.河北省部分城市老年人体育锻炼与生活幸福指数的相关性[J].中国老年学杂志，2018，38（3）：737-739.

[4] 莫概能，王宾.健身气功·太极养生杖锻炼对老年女性心境状态与心理健康的影响[J].中国老年学杂志，2016，36（21）：5401-5403.

[5] Pasco J A, Jacka F N, Williams L J, et al. Don't worry, be active: Positive affect and habitual physical activity[J]. Australian & New Zealand Journal of Psychiatry, 2011, 45（12）: 1047-1052.

[6] Reed J, Ones DS.The effect of acute aerobic exercise on positive activated affect: a meta-analysis[J]. Psychology of Sport and Exercise, 2006, 7（5）: 477-514.

[7] Arent SM, Landers DM, Etnier JL. The effects of exercise on mood in older adults: Ameta-analytic review[J]. Journal of Aging and Physical Activity, 2000, 8（4）: 407-430.

[8] Kathryn Berlin, Tina Kruger, David B Klenosky .A mixed-methods investigation of successful aging among older women engaged in sports based versus exercise-based leisure time physical activities[J]. Journal of women & aging, 2018, 30（1）: 27-37.

[9] 王姗姗.体育锻炼与积极情绪的关系研究[D].成都：成都体育学院，2016.

[10] 张红，李萍，严建雯.老年人体育锻炼及其对抑郁障碍的影响[J].中国康复理论与实践，2005，11（10）：850-852.

明老年人抑郁量表"与"老年人体育锻炼量表"对老年人进行调查,结果发现,体育锻炼对老年人抑郁障碍有显著影响,锻炼次数较少、时间较短、伙伴少的老年人锻炼者抑郁程度较高,反之,抑郁程度较低,可见身体锻炼是预防和减轻老年人抑郁障碍的重要途径。弗雷德里克森(Ferdrickson)提出了积极情绪的"拓延—建构"理论,即扩展其瞬间思维—行动储备,构建持久个人资源(物质和智力资源、心理资源及社会资源),并将其迁移到生活中,最终作为储备,将锻炼所获得的积极情绪促使个体继续参与体育锻炼,构成一个良性的循环[1]。其中锻炼坚持认知决策模型,引入了情绪体验,可以预测和解释大学生锻炼坚持行为。因此,老年人在锻炼中形成的积极情绪体验和心理优势,再通过心理迁移到日常生活中,除了可以提高老年人锻炼坚持性,还会更加敢于面对家庭或自身突发事件、挫折等,能更好地适应老年生活。

二、体育锻炼对主观幸福感

主观幸福感是指人们对自己生活的评价[2]。主观幸福感是评价生活质量的主要指标之一。主观幸福感主要通过积极情感、消极情感和生活满意感三个维度来测量。国内很多研究也已经证明,锻炼可以提升老年人幸福感[3]。徐雷进行元分析发现:身体活动干预能够提高个体的主观幸福感,达到中效果量(d=0.51)[4]。老年人身体锻炼可以正向影响其主观幸福感,即老年人进行适当身体锻炼可以提高主观幸福态体验,且

---

[1] Fredrickson BL. The role of positive emotions in positive psychology: the broaden-and-build theory of positive emotions [J]. American Psychologist, 2001, 56 (3): 218-226.

[2] DIENE R E. Subjective well-being and personality [C] //DAVID F. Advanced personality. New York: Plenum Press, 1988: 312-333.

[3] 张美云, 高亮. 健身气功锻炼对老年人幸福感的影响 [J]. 中国老年学杂志, 2018, 38 (16): 3925-3927.

[4] 徐雷. 身体活动对主观幸福感影响的元分析——来自实验研究的证据 [J]. 体育科学, 2014, 34 (10): 29-38.

身体自尊在身体锻炼与主观幸福感的关系中起到了部分中介作用[1]。心理弹性的乐观、自信、坚韧三个维度在体育锻炼与主观幸福感之间中介效果显著[2]。研究表明体育锻炼参与水平对幸福感的预测并不显著,而是通过降低孤独感增加其幸福感水平[3]。戴群等通过对天津市老年人的研究发现,体育锻炼与老年人生活满意度不直接相关,而是朋友支持和自我效能在两者之间起中介作用[4]。

近年来,学者们发现体育锻炼与个体生活满意度的关系并不是如此简单,两者之间的关系还有待进一步研究,虽然大多数研究发现有规律锻炼者的生活满意度要高于不锻炼者[5]。内茨(Netz)的元分析发现身体锻炼对老年人的生活满意度几乎没有影响[6]。国内研究结果也提示秧歌锻炼与生活满意感无关,可能是因为生活满意感是相对稳定的心理结构,并非锻炼所能轻易改变[7]。其中锻炼项目、锻炼频率、锻炼形式、锻炼动机、强度、持续时间、性别、年龄等都是影响人体锻炼效果的重要因素[8]。从上述结论来看,对于老年人来说,并不是只要进行体育锻炼,就一定能够增加幸福感效益,未来的研究应着眼于揭示更多的心理

---

[1] 杨剑.身体锻炼对社区老年人主观幸福感的影响——基于身体自尊的中介作用[A].中国体育科学学会运动心理学分会、中国心理学会体育运动心理专业委员会.第十一届全国运动心理学学术会议摘要集(会后版)[C].2018:1.

[2] 贺子芩.体育锻炼对主观幸福感的影响效应:心理弹性的中介作用[D].西安:西安体育学院,2014.

[3] 陈爱国,殷恒婵,颜军.体育锻炼与老年人幸福感的关系:孤独感的中介作用[J].中国体育科技,2010,46(1):135-139.

[4] 戴群,姚家新.体育锻炼与老年人生活满意度关系:自我效能、社会支持、自尊的中介作用[J].天津体育学院学报,2012(5):67-72.

[5] 陈作松.身体锻炼与主观幸福感的研究综述[J].体育科学,2005,25(5):65-68.

[6] Netz Y, Wu MJ, Becker BJ, Tenenbaum G.Physical activity and psychological well-being in advanced age: A meta-analysis of intervention studies[J].Psychology and Aging,2005,20(2):272-284.

[7] 徐涛,毛志雄.东北秧歌锻炼与老年人自尊、生活满意感和心境的关系[J].北京体育大学学报,2013,36(10):82-87.

[8] 常佳,王莎莎,李爱娇,等.体育锻炼对老年人心理健康的影响[J].中国老年学杂志,2018,38(5):1133-1135.

中介变量和调节变量，以探明体育锻炼改善老年幸福感的心理机制，为采用体育锻炼手段促进老年人幸福感提供理论基础。

三、体育锻炼与认知功能

认知功能是指个体大脑处理信息并转换成心理活动的过程。认知这个术语指的是涉及学习记忆和使用知识的心理活动。机体随着年龄增长，生理结构和功能逐渐老化，加上老年人在社会和家庭角色的转换，心理功能也随之变化，年老时的认知功能出现衰退现象，显示年老化[1]。认知老化的发生是有其脑基础的。国内外研究都证实，身体锻炼与中老年认知功能存在显著性正相关，锻炼可以预防认知障碍，改善认知功能，并且延缓认知老化[2][3]。研究表明，无健身习惯的老人更易发生认知功能障碍。科隆布（Colombe）和克雷默（Kramer）的研究首次报道了锻炼对健康老年人认知能力的改善[4]。国内元分析发现，中等强度的活动可以有效干预老年人的认知功能[5]。国外证据也表明长期的有氧运动和阻力训练相结合的项目对老年人的认知功能最为有益[6]。身体活动/

---

[1] 吴振云. 老年心理与积极老龄化——从心理学视角看待积极老龄化[A]. 中国心理卫生协会老年心理卫生专业委员会. 中国心理卫生协会老年心理卫生专业委员会第八届学术年会论文汇编[C]. 2006: 7.

[2] 张连成, 高淑青. 身体锻炼对认知老化的延迟作用: 来自脑科学的证据[J]. 天津体育学院学报, 2014, 29（04）: 309-312; 318.

[3] Langlois F, Vu TT, Chassé K, et al. Benefits of physical exercise training on cognition and quality of life in frail older Adults[J]. The Journals of Gerontology Series B, 2013, 68（3）: 400-404.

[4] Colombe S, Kramer AF. Fitness effects on the cognitive function of older adults: A meta-analytic study[J]. Psychological Science: A Journal of the American Psychological Society, 2003, 14（2）, 125-130.

[5] 卢晶梦, 徐勇, 李玖玲, 等. 中等强度体育活动干预对老年认知功能影响的Meta分析[J]. 中国老年学杂志, 2019, 39（8）: 1887-1891.

[6] Jannique van Uffelen. Active and healthy ageing The benefits of physical activity and exercise[J]. Feature active and healthy ageing, 2015, 33（1）: 36-41.

锻炼—认知中介模型也解释了身体锻炼提高老年人认知功能的机制[1]。

锻炼改变认知功能在国内已经有很多相关研究。身体锻炼不仅通过重塑大脑结构和功能来影响认知老化，增加了大脑灰质和白质体积、白质完整性[2]，还可以通过激活认知功能相关的脑区及功能网络的联结，以及提高大脑神经加工效率来影响脑功能和维持老年人的认知功能。国内研究也证实，长期参加体育锻炼的成年人往往具有较短的事件相关电位（ERP）潜伏期[3]，更好的社会认知表现不仅可以提高身体的各项机能，还会对个体的认知能力、情绪情感能力、意志能力产生积极的调节作用[4]。长期的适量体育锻炼有助于大脑皮质重量的增加，提高大脑中枢神经系统功能的稳定性和灵活性，对于老年人大脑中枢神经系统功能的衰老具有延缓作用，促进大脑中枢神经系统各项功能的协调发展[5]。随着人口老龄化的日趋严重，老年认知障碍等相关疾病给社会和家庭带来巨大危害，尤其以阿尔茨海默症为典型代表的老年痴呆症，将老年认知损伤的危害推向个人、家庭乃至社会、国家都难以承受的境地[6]。澳大利亚阿尔茨海默症研究者建议人们进行锻炼，以改善大脑健康，降低认知能力下降和痴呆的风险。

尽管很多证据表明身体锻炼对认知具有积极的影响，大多数的研究数据比较并没有产生显著的结果，这些数据还不足以证明认知功能的改

---

［1］白蓉，范会勇，张进辅.身体活动对老年认知功能的影响［J］.心理科学进展，2011，19（12）：1777-1787.

［2］COLCOMBE S J，ERICKSON K I，SCALF P E，et al. Aerobic exercise training increases brain volume in aging humans［J］. The Journals of Gerontology Series A：Biological Sciences and Medical Sciences，2006，61（11）：1166-1170.

［3］Dustman R E，Emmerson R，Shearer D.Physical activity age and cognitive neuropsychological function［J］. Journal of Aging & Physical Activity，1994，2（2）：143-181.

［4］郭章杰，周非，唐小丽.安庆城区老年人锻炼行为及心理健康状况的研究［J］.佛山科学技术学院学报（自然科学版），2016，34（2）：92-96.

［5］曲天敏，苏浩.体育锻炼对老年人心理健康的影响［J］.中国老年学杂志，2017，37（16）：4164-4165.

［6］陈姚静，徐凯，杨财水，等.优雅地老去——北京BABRI老年脑健康计划［J］.中国科学：生命科学，2018，48（7）：721-734.

善可以全部归因于体育锻炼,尽管时间关联表明极有可能是由于心血管健康状况的改善,这仍需要进行大量的研究来确认是否需要有氧训练,或者是否可以通过某种形式的体育锻炼来达到这个目的。所以锻炼时间是否具有中介效应和调节效应,还需要理论和实践的进一步检验。

四、体育锻炼和社会支持

社会支持是一系列的社会互动,包括家庭成员、朋友、邻居及其他人提供的各种形式的援助和支持[1]。张力为、毛志雄等人提出激发锻炼行为要建立必要的社会支持系统,同时也验证了社会支持是联结人们身体锻炼计划与参加身体锻炼的桥梁的观点[2]。运动能够帮助个体建立和谐的人际关系,获得社会支持,从而达到促进心理健康、降低应激水平的效果[3]。人步入晚年,随着社会角色转变,容易引起老年心理健康问题,体育锻炼有助于老年人建立新的社会角色和新的社会交往。老年人的体育锻炼一般以娱乐健身为最主要目的,长期的锻炼能够使老年人融入一个新的社会交往圈内,以此拓展人际关系,增强与他人的交流,有助于缓解老年人在社会情绪方面的心理健康问题,从而提高从事社会活动的社会动机,由此产生一种良性的循环。老年人锻炼一般是集体的组织形式,在集体中促进老年人的人际交往,使他们具有更强的自我认同感和归属感,更加持续地参与锻炼。国内研究发现,参加秧歌锻炼的老年人的整体自尊显著优于非锻炼者,其原因可能在于其锻炼的集体组织

---

[1] Barrera M, Sandler IN, Ramsay TB. Preliminary development of a scale of social support: studies on college students [J]. Americam Journal of Community Psychology, 1981, 9 (4): 435-447.

[2] 白震,赵军,高凤山,等.高校体育对学生实施心理健康教育的实验研究[J].天津体育学院学报, 2001, (4): 71-74.

[3] VANKIM NA, NELSON T F. Vigorous Physical Activity, Mental Health, Perceived Stress, and Socializing Among College Students [J]. Am J Health Promote, 2013, 28 (1): 7-15.

形式[1]。另外，在集体锻炼中与同事、朋友的交往，是提升身体自尊、改善心境状态的真正原因。长期参与、每周锻炼3~4次、每次持续30~60分钟的"与朋友一起"等集体形式参与太极拳锻炼健心效果较好[2]。锻炼促进心理健康的机制主要通过锻炼中的社会交往带来的社会支持，锻炼中产生的各种积极体验及生理改变三种途径[3]。在人格影响老年人休闲体育时，社会支持具备调节效应。国外研究发现，在支持性的环境中进行锻炼，帮助人们在年老时保持积极主动的动力，既要关注身体活动，还要关注社会关系和乐趣。范·马尔德伦（L.Van Malderen）提出了有意义的休闲活动和参与是积极老龄化的决定因素[4]。

五、身体锻炼与积极老龄化

研究发现，体育锻炼有助于健康老年人的积极老龄化，通过活动其认知功能、生活质量明显改善[5]。也有研究证明，经常进行体育锻炼虽不能显著延长寿命，但能改善老年人的生理和心理功能，保持其个体独立性，提高自理能力，进而减少对医疗护理的需求[6]。体育锻炼是积极老龄化的重要因素，有助于防止与衰老过程相关的认知和功能衰退[7]。

---

[1] 徐涛，毛志雄. 东北秧歌锻炼与老年人自尊、生活满意感和心境的关系[J]. 北京体育大学学报，2013，36（10）：82-87.

[2] 高亮，薛欣. 老年人参与健身气功锻炼的心理效应研究[J]. 西安体育学院学报，2013，30（4）：466-471.

[3] 李昌俊，贾贺男，左俊楠. 锻炼促进心理健康的效果、机制与展望[J]. 中国体育科技，2015，51（1）：132-139.

[4] VAN M L, METS T, DE V P, et al. The Active Ageing concept translated to the residential long-term care [J]. 2013, 22（5）：929-937.

[5] Neyda Ma Mendoza-Ruvalcaba, Elva Dolores Arias-Merino. "I am active": effects of a program to promote active aging [J]. Clinical Interventions in Aging, 2015, 10: 829-837.

[6] Shephard, Roy J. Exercise and aging: Extending independence in older adults [J]. Geriatrics, 1993, 48（5）：61-64.

[7] Renner, Y. Spivak, S. Kwon, R Schwarzer. Does age make a difference? Predicting physical activity of South Koreans [J]. Psychology and Aging, 2007, 22: 482-493.

有研究指出，每周锻炼3次以上的中老年在身体吸引、身体价值、一般自尊和生活满意感上的评价显著高于零星的、不规律的锻炼者，这说明规律锻炼对中老年人身体自我、一般自尊和生活满意感可以产生显著的积极的心理效应[1]。国内学者也指出开展定期的锻炼，能增强老年人的自信心，使其愿意通过体育活动与人沟通、结交朋友，这样在增进人际关系的同时，也能有效缓解紧张、焦虑和抑郁症状的可能性，从而以平和积极的心态应对老年生活[2]。健身气功·五禽戏以其独特的意念功效增强老年人的体质，缓解心理压力，保持健康的心理状况[3]。老龄化是社会发展到一定阶段必须面临的问题，积极老龄化不仅关系到老年人，应对老龄化也是全社会共同的责任，社会各界应转变观念，充分认识到体育锻炼与积极老龄化的关系，发挥身体锻炼的重要作用，提高老年人参与体育锻炼的积极性，使越来越多的老年人群体能够积极应对老年生活，安度晚年，促进社会发展。

第二节　研究存在的问题与未来展望

一、存在的问题

（一）锻炼的社会心理研究不足

积极老龄化的政策框架的三个支柱为健康、参与、保障，对老年

---

[1] 殷晓旺，邱达明，黄斌.体育锻炼对中老年人一般自尊、生活满意感的影响[J].体育学刊，2008，15（3）：27-30.

[2] 安涛.体育锻炼对老年人心理健康的影响[J].中国老年学杂志，2019，39：588-591.

[3] 崔永胜，虞定海."健身气功·五禽戏"锻炼对中老年女性身心健康的影响[J].北京体育大学学报，2004，27（11）：1504-1506.

人的研究主要集中于心理健康方面的研究，但要使老年人达到身体、心理、社会适应三方面的平衡，还应关注社会支持和老年人的生活调试，老年人通过身体锻炼活动能够积极地参与社会和获得良好的社会支持，在提高身体素质的同时，也能在人际交往中提升心理健康和社会适应能力。而且社会参与是积极老龄化过程中最核心的支柱性内容，老年人的社会参与方式大多为身体锻炼，应充分考虑到国家、政府、社区、社会组织和家庭的心理支持，形成合力，共同促进老年人积极老龄化的实现。

（二）研究对象单一

纵观之前的研究，调查对象一般是社区的老人，空巢、乡镇、养老院等弱势老年群体为研究对象的文献偏少。研究[1]发现，年龄越大的老年人其积极老龄化水平越低，对老年准备期和75岁以上高龄的老人的研究很少，取样偏差可能会影响研究结果，结果不能真正反映不同老年人群实际的心理状况，难以从整体上提高我国的积极老龄化水平。现在的研究大多涉及了健康的社区居民，而这些人在认知功能方面没有障碍，运动干涉是否能给慢性疾病和复杂的老年综合征患者带来认知和心理上的好处尚不能确定，所以研究范围和取样需要进一步扩大和精确。

（三）集中于老年人消极情绪的研究

步入老年就意味着各项功能逐渐衰退和社会角色的缺失，容易产生一些消极情绪，身体锻炼是缓解老年人抑郁、焦虑等消极情绪的有效方法。许多研究证明，锻炼能够降低紧张、焦虑等负性情绪，提高心理健

---

[1] 张慧颖，张艳，郭思瑾，等.河南省农村地区老年人积极老龄化水平及影响因素[J].中国老年学杂志，2019，39（4）：962-965.

康水平。专家学者较多关注老年人的心理问题和心理疾病方面的问题，且集中于临床研究，而忽视积极心理效益的研究。积极老龄化和积极心理学的观点认为老年人群是积极的、有价值的，他们有追求健康快乐生活的权利，未来的研究要更多关注老年人的积极心理品质，深刻探寻身体锻炼对积极老龄化的良好效益。

（四）测评工具有待完善

积极老龄化的概念是从国外引进过来的，对此我国尚缺少成熟的理论体系，概念和策略理论的介绍远多于本土化实证调查研究，其研究面较广且较零散，没有系统的整合，缺乏有效完整的测量工具和变量来评估老年人的积极老龄化，也缺少统一的指标、维度和测量方法，且不同地区不同群体有其各自的地域特点，这就要求测量工具更加本土化、科学化，根据我国国情，设计出一个量化的指标、标准、方法去测量一个地区一个年龄群体的积极老龄化程度，并将其纳入积极老龄化的实践和政策框架中。

二、未来展望

（一）加强对身体锻炼产生心理效益的脑机制和神经机制研究

锻炼对认知功能的影响研究大多采用实验的研究范式，以及使用仪器或标准程序对认知进行测量，也包含采用一些生理学指标来进行检测以探讨其机制。积极老龄化是一门跨学科综合性的研究，随着研究方法和神经科学的发展，身体锻炼的作用机制还需要进一步进行挖掘，体育锻炼对于不同人群的作用方式需要更多的脑科学证据，即体育锻炼单方面是可以直接促进认知发展，还是与其他心理社会学变量交互引起的认知发展。综合使用MEG、FNIRS、FMRI等脑成像技术和EEG/ERP等技术结合，以探讨特定认知老化相关脑区的特定时间和空间机制。认知过程的考察还可通过设计实验任务采用 E-Prime 工具实现，结合量表和脑成像技术，探索参与试验任务的脑区[1]。

（二）加强对民族传统体育项目推动积极老龄化的实证研究

我国民族传统体育项目根植于中国传统文化，更突出身体锻炼的修心养性，强调形神俱备、天人合一，对老年人心理养生有着积极的促进作用。另外，我国民族传统体育项目，例如太极拳、健身气功等是一种低强度的有氧锻炼项目，可以增强体质、预防保健、延缓衰老，在中国有着强大的群众基础，老年人易于接受和学习，容易推广实施。今后身体锻炼应加大对太极拳、易筋经、八段锦和武术等民族传统项目的研究，探讨其对老年人群体独特的心理价值作用，使每个老年人都可以老有所乐，最终推进老年工作的开展。

（三）加强运动处方的研究

身体锻炼的心理效益研究受到锻炼种类、强度、频率、持续时间等因素的制约，至今为止，研究者在训练强度和时间等方面还没有统一的标准，不同运动项目的锻炼效果也存在差异性，应根据个体身体健康状况，为不同年龄群体的老年人制定的相应的锻炼处方，选择合理的负荷、频率、锻炼时长等，指导老年人进行合理安全的体育锻炼，提高心理健康水平和身体素质，以获得最大的心理健康效益，从而避免不合理

---

[1]梁东梅，唐文清，骆聪，等.太极拳锻炼促进老年人认知功能的研究综述[J].体育学刊，2014，21（4）：61-65.

的锻炼方法和锻炼习惯对老年人身体产生伤害,同时,细化锻炼项目设计,以确定不同锻炼处方对脑结构和功能的影响等是今后老年人锻炼心理需努力的方向。

(四)加强生理指标和心理指标的结合

目前,体育锻炼对老年人心理健康效益影响的研究越来越多,从心理表现上评价老年人的健康状况已经成了一种趋势,被许多人接受。然而,健康是指身体和心理等各方面的健康,人的心理健康和身体健康息息相关,心理的变化常常可以通过生理变化表现出来,通过量化的指标评定人的健康状况是更为直观有效的方式。当前研究多从体育锻炼对老年人心理健康或身体健康影响单方面进行,因此,今后应加强生理指标和心理指标相结合的研究。

积极老龄化是应对老龄化的最佳策略,呼吁社会给予老年人更多尊重和关心,提高老年人的体育参与度,使其从锻炼中寻求自信与快乐,以更加积极的方式生活,主动捍卫自己的生存发展权益。在身体锻炼与积极老龄化的研究取得一定成果的同时,仍存在研究对象单一、测量工具不够先进、过多集中于消极情绪的研究等方面的不足,因此,积极老龄化的实现需要更多的实践和创造。身体锻炼具有良好的健心、养心作用,对老年人心理健康有着重要的作用,应充分发挥锻炼的积极效应,多措并举提高锻炼对老年人心理健康的正向作用。越来越多的研究证实,身体锻炼带来的积极心理效益可以提高老年人的生活质量,未来的研究更多考虑心理中介变量和调节变量,积极心理学可以提供更积极的视角和更广阔的思路。

第三章
健康中国背景下太极拳与积极老龄化

武术被称为我国传统文化的全息影像,已经成为国际社会公认的一个中国文化符号[1]。在众多武术项目中太极运动项目独具东方文化特色,太极拳有"世界第一健身运动"的美誉,也被称为"西方人理解中国的一个媒介""中国文化对外交流传播的重要载体"。同时随着"太极养生堂"在国内市场的兴起,马云与李连杰联手开创"太极禅",太极产业的发展风生水起。因此传承和发展太极文化这一不可再生的、价值难以估量的中华民族传统文化资源,特别是在当今健身圈建设这一时代契机下,更需要诠释太极养生文化基因和健身应用价值,从而打造一个代表性的太极健身品牌项目。

太极拳文化是中华传统文化的瑰宝,是传统武术养生文化的精髓,它以圆转灵活、刚柔相济、阴阳相和的太极拳运动为载体,以古代哲学、医学、导引等传统文化为内涵,成为传统武术养生文化的代表和集大成者,从而使其成为诸多的养生方法中的佼佼者,是一种具有深厚民族传统文化内涵的运动项目,其内容统摄了天人关系、人际关系及人自身各个组成部分之间的关系等问题,涵盖了中国哲学、传统文化、传统

---

[1] 虞定海,张茂林.基于孔子学院的武术推广模式研究[J].上海体育学院学报,2011,(1):83-87.

医学、传统美学、生理学、心理学等学科的内容，体现了中国人的自然宇宙观、生命价值观、道德伦理观等根本观点。太极拳已经成为东方文化的一种符号象征，自从2006年太极拳被我国列为第一批国家级非物质文化遗产之后，太极拳逐渐成为连接不同种族、不同民族、不同语言、不同国家的文化桥梁和纽带，已经成为中国文化对外交流传播的重要载体之一。近年来太极拳相关研究可谓硕果累累，大多数以太极拳的健身价值、技术训练、心理等方面为集中点，尤其是在健身价值这一方面的研究更为突出。因此以太极拳作为中华文化、中华武术的精品和品牌，对提升太极养生的影响力，以及老年健康体系的构建具有深远的意义，同时对于弘扬中国传统文化、提高人类生活质量、构建和谐社会等也具有十分重要的意义。

第一节　太极拳与中医养生理论的同构性

太极拳是一套符合中医医理的独特健身方法，其运动特征淋漓尽致地体现了中医养生之道，这也正是太极拳主要魅力之所在。除了这些养生方法、手段、形式及健身功效等形而下层面契合了中医实践，更重要的是探讨在形而上层面太极拳与中医养生思想的一致性，深入挖掘二者在思想源头、哲学本体及主体内容等方面的同构性，只有领悟太极拳的中医养生哲理精髓，才能深得太极拳的要义，逐步完成从形而上养生理论到形而下养生实践的内化过程，实现对太极养生境界的理解和感悟。因此研究太极拳与中医养生文化的一致性，一方面能够为中医养生理论提供一套符合人体科学原理的健身养生实践方法体系；另一方面也能够帮助太极拳养生文化更多地从博大精深的中医养生理论中汲取思想养料，同时通过太极拳养生文化与中医养生文化的互释对两者进行学理上、实践上与理论上的更深层探索。

一、《易经》，太极拳与中医养生文化本体同构的思想源头

《易经》是系统地以文字体系与符合体系自觉表述了宇宙生命的圆形运动规律，"原始返终，故知生死之说"，把"终"与"始"和"生"与"死"看作一个运动变化的周期，终而复始，将事物的阶段性与连续性、有限性与无限性的统一看作天地万物运行的法则。因此，以《易经》为理论基础的生命观皆以"易"的思维方式作为其本体基础，所以《易经》自然成为太极拳养生文化与中医养生文化本体同构的思想源头。

作为传统武术养生文化重要组成部分的太极拳，同其他武术流派的养生文化一样，起源于易，成于医，弘扬于养生。《易经》是我国传统文化的思想源头，因而太极拳养生与中医养生皆将《易经》作为其理论结构和实践模式重要的思想源泉，都吸收了易理的营养，以作为世界图景的《易经》中的阴阳互生、互具、互变、互化的理论具化为太极拳的阴阳理论和天人同构理论。

太极拳之"太极"一词就来源于《易经》，以太极阴阳变化之理来诠释拳理及拳术招式之间的生生变化。《易传》曰："易有太极，是生两仪。两仪生四象，四象生八卦。"太极是《周易》最高哲学范畴，从宇宙生成论来讲，太极是宇宙万物演化最初的天地阴阳"混而为一"的"元气"，是宇宙的本源，是万事万物变化发展的始源，是宇宙万物得以生产的原始物质。太极阴阳理论是中国传统哲学的精华，是传统文化中一颗璀璨的明珠。发端于战国时代的太极阴阳理论，通过历代名师大儒的精心提炼，融入了《易经》之理，经过宋明理学家的发扬和补充，及至清代成为了系统而精辟的太极阴阳哲学理论体系。于是就有了清代太极拳理论大家王宗岳的《太极拳论》，其论曰："太极者，无极而生，动静之机，阴阳之母也，动之则分，静之则合，……虽变化万端，

而理唯一贯。"[1]王宗岳从太极阴阳理论中的太极本体来论述太极拳养生文化机理，以阴阳互变之道来比拟太极拳养生动静虚实之理，以哲学理论深刻地诠释太极拳术，剖析太极拳养生文化，指导习武者遵循天地太极阴阳运化之大道。

《易传·系辞上》曰："一阴一阳之谓道。"一阴一阳就是阳中有阴，阴中有阳，阴阳互补、互变，阴阳只是在数量上产生或多或少的细微变化，而其质未变，皆是阳中之阴，阴中之阳，阴阳互参，这种阴阳之互变互化就是包括太极拳养生文化在内的宇宙万物之道。阴阳之事物变化的两极是在太极本体的指引和规约下进行的。阴阳是我国朴素哲学辩证法思维的结晶，其间的对立统一的关系是传统哲学在观察宇宙天地万物之象的基础上的形而上的理论总结和经验概括，并深刻地影响了太极拳与太极拳养生文化的形成和发展。太极拳的全部姿势都是阴阳虚实互相为用，相反其实相成。

与太极养生文化相仿，中医养生文化思想的本体论也源于《易经》，这从历代名医多精通《易经》变化之理得到佐证。中医养生之道讲求阴阳平衡的基本原则，追求养生的全面性和辩证性。受到易理的启发，中医养生文化和太极拳养生文化都把人体看作一个模拟自然这个大宇宙的小宇宙，小宇宙拥有大宇宙的构成要件，遵循大宇宙的运动变化规律。人体存于宇宙之内，必然与宇宙时刻进行着物质和能量的交换，循宇宙阴阳变化之理，不断求得自身与宇宙的动态平衡，由此人的生理和心理是否运行正常即人体是否健康与阴阳运动是否衡常息息相关。《黄帝内经》曰："圣人之治病也，必先知天地阴阳四时经纪……阴阳四时者，万物之终始也，死生之本也，逆之则灾害生，从之则苛疾不起。"[2]认为养生要遵循宇宙阴阳变化和四时更替之自然规律，"必先知天地阴阳四时经纪"，养生之法要与大自然运行的法则相一致，从之

---

[1] 王兴华，李东.太极拳的养生保健探析[J].湖北体育科技.2010，29（5）：15.
[2] 张淼，胡亚男.试论《黄帝内经》中的养生学思想[J].中国中医基础医学杂志.2010，16（10）：35-36.

则百病不起，逆之则阴阳失调，病变生矣。中医养生文化所强调的养生要合阴阳、循四时与《易经》所阐发的阴阳、八卦的互生互变的辩证法思想具有异曲同工之妙。宋代理学大师朱熹认为天地之间、宇宙万物无非就是阴阳变化之结果，无不遵循阴阳变易之理，"一动一静，一语一默，皆是阴阳之理"。因此，阴阳不和，万生病焉；阴阳协调，万物育焉。

太极拳养生文化和中医养生文化都把《易经》视为思想源头，都以《易经》的太极阴阳理论作为自己的基本的方法论，同时也都认为天人存在着同构的关系，把人体看作宇宙的缩影，认为人人皆禀得一太极（朱熹语），因此，无论是修习太极拳养生文化还是实践中医养生文化都是在遵循宇宙自然运行的规律。太极拳可以参照中医气血、经络理论更好地指导内意的运行，中医可以通过太极拳的外化运动，更好地达成其养生的理念，两者具有很深地相互借鉴和指导意义。

二、道，太极拳与中医养生文化形而上的本真存在

道是太极拳养生文化与中医养生文化形而上的本真存在，即二者都是以"道"为各自的哲学本体。"道"的思想源头可以追溯到我国先秦时代，但是道被提升到本体论的高度并作为宇宙的本体而存在则是与老子的贡献分不开的。老子在《道德经》开篇中就说："道可道，非常道。"道是一种无可名状，无形无相，遥不可及而又无处不在的东西，而能够说出名字的事物都有道的影子，是道的物化之相。因此，可以说太极拳和中医的本体无不是道。道的含义有两层，一是指宇宙之本源，宇宙之本体；二是指宇宙之奥妙，自然之规律，即宇宙万物生发变化的根本规律。太极拳养生文化认为"太极本阴阳"。"道"是太极阴阳变化的本体，所谓万变不离其宗，阴阳从属于道这一具有最广泛意义和最高范畴的本体，所以太极拳养生文化追求的最高境界是得道。太极拳养生文化的至高境界必须经过太极拳修炼第一阶段的炼精化气，第二阶段的炼气化神，第三阶段的炼神还虚和第四阶段的炼虚合道来达到拳与道

合的境地，即是"拳无拳，意无意，无意之中是真意"[1]。太极拳在运动中特别讲求阴阳互变、变化万端，理唯一贯。理是太极拳养生文化不变的追求，这里的理常被宋明理学家视为"近乎于道"，而在心学家那里则是心。因而太极拳养生要想进入道的境界，就需要遵循理学家的天理，也要遵循心学家的心性原则，修养人的心性，聚敛天地日月之精华，练成人体之太极，达到与日月争辉、与星河同寿的养生效果，所以拳谚云："详推用意终何在？延年益寿不老春。"

"道"作为中国传统哲学的本体和至上法则，在中医养生文化中也居于本体的地位。《黄帝内经·素问》在其开篇中讲道：远古时代懂得修道养生之人，注意在日常起居中，法于阴阳，即法于道，生活有规律，饮食劳作皆有度，这样才能颐养天年，无疾而终，百岁方死。懂得道就是懂得人生活于天地之间的存活规律，一切按照自然和人体的阴阳属性适时调节自身状态，以合乎天道人道，此为摄生之术。从人的个体生命存在的长度来看不过百年之间，由于人类后天往往受到喜怒哀乐、激情妄想、痴心杂念等情绪活动的影响而达不到自然的天寿之年。由以上分析可知，从本体论方面来讲，太极拳养生文化和中医养生文化的本体同为道。

三、气，太极拳与中医养生文化形而下的道器载体

气作为太极拳与中医养生文化形而下的道器载体，即太极拳养生文化与中医养生文化都是以"气"为各自的物质运动载体。同"道"一样，气作为中国哲学的基本命题是太极拳养生文化和中医养生文化共同关注的主体内容。气在中国哲学中被认为是存在于一切事物之内的基本范畴，是构成物质的实体元素。明代哲学家王夫之认为，万物由气构成。气产生于我国重整体感悟而不重逻辑分析的哲学文化土壤中，

---

[1] 黄柏衡. 中医太极拳与养生[J]. 中华武术，2004（4）：21.

导致了其所指和能指的模糊性，因而既可被诠释为自然、生命、精神等自然现象，亦可为人文范畴内的构成宇宙万物的物质实体。气自从先秦的《周易》始就进入了哲学家的视野，到了宋代周敦颐和张载那里就成为了继"道"之后的万事万物的本体。"精气为物，游魂为变"是说精气是人体生命存在的基础和动力，人的游魂即精神和灵魂也正是由于精气的流变而具有了勃勃生机。不仅如此，气还是人的生死存亡的关键致因，"气聚则生，气散则亡"[1]。宋代理学家认为宇宙万物的存在和运动，都根源于气的不断运化，气聚而成万物之象。从养生的境界来看：气在古代还有两种写法："炁""氣"，这也昭示了古人对气的认识，由"气"和"米"构成的"氣"形象地展现了人吃五谷之后而有生命呼吸作用的"气"，亦称为"后天之气"；"炁"中下面四点代表火，火意味燥动，而"无火"则是平静安详的养气的最佳境界，表达人平心静气，无思无虑的真气氤氲的境界。

中国传统生命科学认为，生命存在在于它不断地与周围环境进行物质能量信息的交换，这种交换必须依靠气的各种机能活动，而气的出入循行及沿全身经络的循环都表现为圆运动形式。气作为太极拳的原力和本根，被公认为是太极拳的生命和精华之所在，在太极拳修炼中占有相当重要的地位[2]。陈长兴的《太极拳十大要论》曰："夫气本诸身……而犹准之于气，皆有所配合（五脏）焉。"陈长兴在人体是由气构成的基础上认为，太极拳养生应该按照人体之气的运行路径和规律来运动，这样才能延年益寿，御敌于方寸之间，发敌于数米之外；以气运身才能"气遍身躯不稍滞"，才能周游六虚，无所不能，所向披靡。历代太极拳家都注意合理运用人体之气，调节人体之气的流动，或御敌，或养生，成效斐然。《太极拳敛神聚气论》："气聚神凝，然后于动静之中

---

[1] 朱淦芳，魏纯镭.从中医理论谈太极拳的保健作用[J].体育文化导刊.2002，5：56–57.

[2] 于晓春，姜晓伟，李成明.浅析太极拳健身的中医机理[J].科学教育，2008（7）：12–13.

导太极之益，于八卦五行之中求生克之力，一身中太极成，阴阳交，动静合……"这种"气聚""神凝"的"虚静"境地才能达到"天人合一"的境界，太极拳修炼过程中需要个体凝神专一，内气修炼与自然外气合一，"上场时先洗心涤虑，去其妄念，平心静气，以待其动"（陈鑫《太极拳论》），运动中也将虚静理念注入身体动作之中，由虚静达到一种自然而然的自由合一的境界[1]。

所以，同太极拳一样，气在中医养生文化中占据着重要的地位，养生之道关键在于人体之气的畅通无阻。从生命产生和存在的物质基础而论，道家哲学认为精气神是形而下的存在，即唯物主义哲学认为的第一性；道在人体生命存在中具有形而上的意义，即第二性。《管子·内业篇》说："精也者，气之精也……气者，身之充也。[2]"精气神是相互作用，互为对方存在的依据，是建立在人体气之基础之上的三位一体的概念。中医养生家认为维持人体生命的基本物质是气，气从人体吸收五谷杂粮之精华而来，气可化为人体之精，精可化为神，可谓得食五谷，"人气充盈，神采奕奕"。在中医养生文化中，精气神统一被称为气，以养气作为人体保养的根本，中医养生就是要养人体的先天和后天之气，通过饮食、药物和运动等得到生命的延续和长寿，而太极拳养生就是中医养生气之理论在身体调养中的有效应用和极佳实践。太极拳养生文化和中医养生文化一样建立了"气一元论"的生命观，在实践中控制和导引气机，以气运身，使真气遍布真身，平衡人体的阴阳，调和五脏六腑，在促进人体器官健康协调运转的基础上，追求整体功能的最大发挥。太极拳养生文化注重身心合一、精气神合一的理论，契合了中医养生文化气之机理，可以说太极拳养生文化在实践领域使中医养生文化气之理论得到了实证性表达。

---

[1] 杜晓红，陈永发，石雷. 从《周易》溯源太极拳理论基础[J]. 沈阳体育学院学报.2008（1）：124–126.

[2] 王杰. 太极拳的意境之美[J]. 时代文学，2007（6）：22–23.

第二节 太极拳的养生价值

太极拳被称为"世界第一健身运动",具有符合大众传播"组织性、公开性、广泛性、单向性、即时性、超越性"的特性[1]。由于太极拳动作柔和,速度缓慢,圆活畅通,拳式并不难学,而且运动量的大小、架势的高或低都可以根据个人的体质而有所不同,能适应不同年龄、体质的需要,且可满足人们健身、养生、竞技等多种需求,因此太极拳在国内外普及面很广,在国内已成为所有武术项目中参与人数最多的一项,在公园、街头随处可见练习太极拳者的身影。同时太极拳具有广泛的世界影响,已传播到150多个国家和地区,越来越多的外国人喜爱练习太极拳,在日本习练太极拳的人口已经达到数百万,在美国太极拳也是其国人健身运动的新宠,大批民众参加练拳,俨然成为全民运动[2]。太极拳相关图书和音像制品也得到了很好的传播,从传播效果上看,太极拳是武术项目中传播效果最好、传播范围最广的项目。

西方运动项目更多地注重竞技性,体验和享受竞技与挑战带来的乐趣,在强调运动负荷和运动强度的基础上改善身体,而如果过量反而会引起身体的损害;我国民族传统项目丰富,很多运动项目如龙舟、舞龙舞狮等多强调运动的趣味性和表演性,也能收到健身健心的功效,武术项目中部分项目虽然以强壮人体的筋骨肉皮为目的,但其也强调技击性的目的,因此,不可能在全民健身活动中广泛开展。另外从运动本质层面上看,体育运动的本质是生命教育,使习练者通过体育行为学会和拥有自我生命意义的感知体验,成为真正意义上的健全人[3]。养生是我国

---

[1] 罗卫民,郭玉成.太极拳品牌推广研究[J].体育文化导刊:2012(5):125-128.

[2] 高山北.美国人为何迷上太极拳[N].人民日报:海外版,2005-04-28(8).

[3] 段丽梅,戴国斌.基于"全人"生命教育视角的体育教育逻辑起点新论[J].体育科学2015,35(6):78-82.

传统文化中运动的本质，通过运动从而达到对人体生命全方位的呵护和保养。从现实层面看，随着经济的发展，"城市病"已经凸显出来，身体上的亚健康、心理上紧张焦虑成为了普遍现象，因此具有较高健身养生价值的运动项目必然会成为城市健身圈中的品牌项目。

太极运动是在吸纳我国传统导引养生等理论的基础上，一方面吸收了儒家传统文化的精髓，强调"仁爱待人"，加深了养生的深度；另一方面吸收了佛教的禅定内容，通过调养人的心性，拓展了养生的内容。它强调"意、气、形、神"锻炼，注重调身、调息和调深，"对人类个体身心健康以及人类群体之间的和谐共处，有着极为重要的促进与调和作用"[1]。

太极运动丰富多样，除了强健体魄的养身价值，同样也具有养心、养性的价值，被称为"心灵的体操"，魏德样对太极拳锻炼与心理健康的关系进行了元分析，发现太极拳能缓解焦虑、抑郁等负面情绪，能增进人们的心理健康[2]。宋清华研究表明，太极养生功以其特有的内外合一、动静结合、形神兼备的练习方式，使人神清气爽、精神饱满，长期锻炼对缓解紧张情绪，增进身心健康有着积极作用[3]。刘洋通过18周的实验研究发现，太极柔力球运动能够显著提高老年人的睡眠质量，改善心境状态，使负面情绪得到缓解，生活满意感得到了显著提高[4]。李富刚、栗胜夫等人在综述了改革开放以来我国太极拳运动研究的进展后，发现太极拳在生理层面上具有显著的健身价值，能够提高人体免疫力、调节神经系统、改善血液循环等机能。其他系列的太极运动项目也效果显著：如太极康复操训练可以有效改善慢性心衰竭的心功能，对老年冠

---

[1] 人民体育出版社.太极拳全书[M].北京：人民体育出版社，2006：13–17.

[2] 魏德样.太极拳锻炼与心理健康的关系：一项元分析研究[J].福建师范大学学报（自然科学版），2011，9（5）：111–115.

[3] 宋清华.太极养生功对老年焦虑症患者焦虑量表评分的影响[J].中国老年学杂志，2014（10）：5851–5852.

[4] 刘洋.18周太极柔力球运动对老年人睡眠质量、心境状态及生活满意感的影响[J].南京体育学院学报，2015（6）：116–121.

心病的康复有着良好的效果[1]。

太极拳运动不仅是身体的规律运动和精细化的操练,更是人心灵的体操,这正是一些过分强调竞技性的西方体育项目所不具备的特点。太极拳锻炼能够调摄精神,使练拳者通过自我调理而保持恬淡舒适,神态清明的心理状态。相关研究也表明,太极拳在心理健康层面具有明显的功效:太极拳对各种不健康情绪(情绪欠佳、易激动、心烦急躁、抑郁焦虑)的康复作用较为显著,有63.6%~68.4%的被调查的习练太极拳人情绪改善显著[2],这表明太极拳能增进人们的心理健康[3]。

随着当代物质生活的极度繁荣,人们对健康的不断追求,以及休闲时代的到来,人们意识到了在此环境中的人类在精神领域、道德领域、情感领域中的缺失和空虚[4],人们在享受极度便利与满足的同时也要承受竞争、紧张、空虚等带来的痛苦,那么休闲与体育自然成为了一剂良药,而西方体育更加注重外部形体行为的操练,忽略了锻炼意识的"内作用性",故难以真正达到养生之目的[5]。因此人们更需要一种修身养性的运动方式,太极拳以意领身,以其轻柔、缓慢的运动形式,以其和谐包容的理念,以柔克刚的处世态度,随曲就伸的入世哲学,可以让锻炼者体悟到神秘的东方传统文化美感,感悟中国传统文化的精髓,实现人体本身、人与社会、人与自然的和谐融合,高境界甚至可以体悟到"天人合一"而"近乎道"的妙境。这些都是太极拳在国际上快速传播的重要驱动力。

---

[1] 桑林,刘卓."太极康复操"对老年冠心病慢性心衰患者血浆血管紧张素Ⅱ及脑钠肽水平的影响[J].中国老年学杂志,2015(8):4599-4600.

[2] 付聪远,黄作福,王遇仕.太极拳对植物神经平衡状态的影响[J].中国康复医学杂志,1996,(2):88-89.

[3] 魏德样.太极拳锻炼与心理健康的关系:一项元分析研究[J].福建师范大学学报(自然科学版),2011,9(5):111-115.

[4] 邱丕相,王震.人类生态文明视域下的未来武术[J].武汉体育学院学报,2007,41(9):3.

[5] 谷丽霞.我国古代养生观的发展及其对现代健身理论的意义[J].山东大学学报(哲学社会科学版),2004(5):65-68.

总之，太极系列运动体现了东方的养生智慧，对个体自然生命、社会生命、精神生命都具有积极的养护作用，且健身和养生的效果显著，这是太极拳得以广泛传播的重要因素。因为对生命的养护是世界各族人民的共同愿望，因此建立太极养生品牌对于弘扬东方的养生文化，对于人类生活质量的提升都具有重要意义。且近年来，在北京、上海、江浙等地出现"太极养生堂"等太极拳专营性的健身娱乐机构，其以勃勃的生机和熠熠的光辉成为了冉冉升起的一颗新星[1]，因此太极这个养生品牌将会在城市健身圈的建设过程中发挥重要的作用。

第三节　太极拳与老年人身心健康

一、太极拳对老年人生理健康的影响

（一）太极拳对中老年人呼吸系统及消化系统的影响

老年人随着年龄的增加，呼吸功能逐渐减退，呼吸肌肌力和耐力也随之下降。长时间参与太极拳运动能够显著改善肺弹性回缩力，提高呼吸肌的肌力，太极拳的深吸能够保证机体对氧的摄取，有效地改善老年人的呼吸功能退化[2]。随着呼吸的加深加快，肺活量和每分通气量增大，能有效改变呼吸机能和肺的通气能力，对提高肺功能具有重要的强化作用。

---

[1] 朱安洲，杨慧馨，王婷，等.从集聚战略的视角审视太极健身娱乐产业的定位与开发——由"太极养生堂"引发的思考[J].山东体育学院学报，2014，30（2）：47-50.

[2] 刘静，陈佩杰，邱丕相，等.长期太极拳运动对中老年女性心肺机能影响的跟踪研究[J].中国运动医学杂志，2003（3）：290-293.

太极拳练习过程中需要做到呼吸又深又长，增大横膈肌的活动幅度，腰的转动幅度增大能够带动胃、肠的蠕动，促进消化液的分泌，所以长时间参与太极拳锻炼对中老年人消化系统也有良好的促进作用，尤其克服中年人经常静坐缺乏运动等带来的不利影响，这符合养生学所追求的身体状态。

（二）太极拳对老年人心血管系统的影响

太极拳锻炼对老年人的心血管系统具有重要的影响。研究发现，规律性太极拳锻炼能有效地改善退休知识女性的血脂、血清瘦素水平和增加骨密度，进一步说明太极拳对降低心脑血管发病几率和预防骨质疏松有积极的影响[1]。同样有调查将太极拳和其他运动项目分两组对中老年心脑血管的影响大小进行分析，主要在血压、脉搏、血脂、心电图、多普勒超声等方面进行分析，两组的调查在以上指标中存在明显差异，结果发现太极拳运动有益于老年人的心脑血管系统，能预防心脑血管疾病[2]。太极拳气沉丹田的腹式呼吸能够缓慢地吸气，慢慢使胸腔容积变大，负压同时也增加，加速静脉回心血量，血液加速流动，可以减少脂肪在血管壁上的沉积，进一步使血脂得到改善，因此老年人从事太极拳运动不仅可以锻炼呼吸，还可以间接地预防心血管系统疾病。

（三）太极拳对老年人神经系统的影响

中老年人在自身的年龄增长下，大脑逐渐萎缩、退化，认知功能也在不断下降，反应能力和注意力都呈不断下降趋势，大脑工作能力随之

---

[1] 刘长江，刘刚. 规律性太极拳锻炼对退休知识女性血脂、瘦素水平及骨密度的影响[J]. 辽宁体育科技，2014，36（3）：55–58.

[2] 郭辉，周瑞珍. 太极锻炼对中老年人心脑血管系统的影响[J]. 教育教学论坛，2011（4）：252–253.

下降等一系列的问题影响中老年的身心健康。动作形成的三大阶段（即泛化阶段、分化阶段、巩固与自动化阶段）都是在中枢神经和大脑皮质兴奋和抑制的作用下进行的，因此在进行太极拳锻炼时要做到心无杂念，保持安静的状态，精神与意念高度集中，久而久之就会出现一种清醒、放松、闲适的感觉。在练习时，以意识作为引导，对神经系统调控全身器官与系统的调节与控制能力进行加强。任丽娟在太极拳运动对老年人养生保健的作用的研究中，通过实验调查得出了：多数中老年人认为太极拳运动可以延缓神经系统的紧张性，同时锻炼了中枢神经系统[1]。长期练习太极拳的中老年人可以提高反应能力，保持精力充沛，动作矫健。太极拳锻炼动作是身体上肢、下肢及心理变化相互协调一致，这就要求在运动过程中精神要高度集中。太极拳运动对中枢神经系统有良好的调节作用，既可提高情绪，又可以放缓中老年人的大脑疲劳状态。因此太极拳的锻炼可以使中老年的神经系统高度活跃，引导各躯干肌肉积极调动四肢活动，对头部、颈部、肩部、大小腿等部位的肌肉弹性、骨骼韧性均有良好的调节作用，同时太极拳所强调的"循环绵展"有利于经络的畅通透达，使气血流淌全身，对各个内脏组织器官有滋养的功能，可增强机体的免疫力，并提高机体自我保护及自我恢复能力，对促进中老年人的身体健康起到了重要的作用。

（四）太极拳对老年人平衡能力的影响

太极拳技术风格能够锻炼老年人的平衡能力，比如武式太极拳的起势动作，练习过程中要求身体正面朝前，不可倾斜，两脚左右分开的距离同肩宽，身体放松的同时两臂自然下落，掌心贴近裤缝，手指向下，双眼平视前方，身体保持直立，当这一动作完全做到位时再双手向前慢

---

[1] 任丽娟. 太极拳运动对老年人养生保健作用[J]. 中国临床康复，2006，47（10）：25-28.

慢抬起，高度与肩膀基本同高即可，在这一过程中要求双腿慢慢屈膝下蹲，动作如同做板凳，这一动作看似简单，却蕴含丰富的养生理念，双臂慢慢举起的这一过程，需要神经系统积极主动地加强对肌肉的牵引作用，锻炼大脑的肌肉控制能力。同时太极拳要求练习者在练习过程中要充分体会太极拳"柔中寓刚"的技术风格[1]，练习太极拳讲究意、气、身法相结合，节奏上讲究慢，动作上讲究缓。一系列的节奏特点不仅对内脏器官有良好的调节能力，同时对练习者的平衡、协调、力量等生理素质有良好的改善作用，如左右揽雀尾、金鸡独立、海底捞针等动作。太极拳要求动作势势相承，不能间断，使得肌肉受力一直处于平稳状态，不会因突然受力对肌肉造成损伤。对于中老年人来说，太极拳中的动作如海底捞针、金鸡独立等，可以有力地加强其下肢力量及平衡协调能力。以其缓慢、连续、动作有小有大，张弛有度，同时伴随身体重心由一侧向对侧的转移，膝关节渐进性的伸张，躯干、头、四肢转动的特点，提供了较强的刺激，这种刺激加强了感觉动力的过程，是调节身体平衡最有效的运动。同时太极拳强调动静结合、虚实转换，练拳过程中重心的移动与起落，步伐的进退、左右移动均十分清晰，充分强调了在运动过程中控制身体重心和调整姿势的能力[2]。这些动作上的要领和动作上的变化同样需要保持平衡，对锻炼平衡感有较大的帮助，因此针对老年人的肢体老化等问题具有积极的影响。

二、太极拳对老年人心理健康的影响

（一）太极拳对老年人人际关系的影响

太极拳群体行为大多是非工具理性社会行为，成员之间的社会交往

---

[1] 唐豪，顾留馨. 太极拳研究[M]. 北京：人民体育出版社，1964：21-22.
[2] 李国平. 太极拳锻炼对中老年人身心健康影响研究进展[J]. 2014，18：5321.

大多是以团体感、归属感为目的，甚至结群就是锻炼者的目的[1]。在太极拳锻炼过程中，逐渐认识更多的太极拳锻炼者，一起进行练习指导和锻炼，久而久之会增进相互间信任，为自己和他人从事太极拳提供帮助。同时也能够改善人际关系，排解自己内心的孤独感，增进幸福感，会让自己更加积极主动地参与其中。同样的研究在太极拳锻炼对中老年人心理因素影响分析中随机抽取部分中老年太极拳练习者为研究对象，用问卷调查的方法进行研究，发现长期从事太极拳锻炼可以缓解中老年人的心理压力，显著影响中老年人的心理应激能力，促进中老年人的人际关系协调发展[2]。

（二）太极拳对老年人的情绪影响

太极拳技术风格对生理的养生价值体现在其追求忘我的哲学理念中。"天人合一"是太极拳思想的核心，这一过程可以使面对各种压力的现代人忘却自身的烦恼，放空自我，将自己的身心完全交付于大自然，即养生中所谓的静心法与悟心法。太极拳的不慌不忙使得习练者逐渐静心、沉气，对焦躁性情的抑制有良好的作用。另外，在练习者追求"入静"的这一过程中，增强对自身情绪的调控能力，可使练习者更加主动地改变自己的不良情绪。心是人一切活动的基础，当心神不宁时，会给人们的日常活动带来负面影响，太极拳更加强调"心"的重要性，通过习练太极拳，增强对心的调节能力。潘悦等人采用焦虑自评量表（SAS）进行研究，证明长期参加太极拳锻炼可以有效地改善老年患者的焦虑水平[3]。同样地研究者采用简式—简明心境问卷（POMS-SF）进

---

[1] 乔超. 对太极拳的社会学分析[D]. 开封：河南大学，2005.
[2] 王利，王淼. 太极拳锻炼对中老年人心理因素影响分析[J]. 中国临床康复，8（6）：1128-1129.
[3] 潘悦，杨楠. 太极拳对老年患者焦虑情绪的影响[J]. 中国临床保健杂志，2011，14（1）：74-75.

行测试，表明长期进行太极拳锻炼可以促进老年人心理健康水平的提高[1]。养生专家认为心理养生就是通过调整个人心境状态而达到延年益寿的作用。人类的心理活动状态与生理功能及躯体健康之间的关系十分密切。情绪良好时，人体的心理功能就处于最佳状态，而心烦意乱、情绪恶劣时，人体生理功能就会随之下降。长时间的堆积就会引发多种疾病，比如焦虑、烦躁和抑郁等消极不良情绪，良好的情绪也可以帮助人体战胜疾病，所以人们所认为的"情绪可以治病，情绪也可以致病"的说法是不无道理的[2]。因此太极拳锻炼的练"心"功效可以改善中老年的心理状态，在某些意义上心理健康比生理健康更重要。

---

[1] 李国平，张颖杰，段功香.太极拳对老年人心境影响的研究[J].中国老年保健医学，2009，7（6）：19-21.

[2] 张建玲，尉志武，王键吉，等.养生最贵在于心[J].化学通报，2014，6（3）：16-21.

第四章
健康中国背景下
休闲体育与积极老龄化

休闲是一个国家生产力水平高低的标志,是衡量社会文明的尺度,是人的一种崭新的生活方式和生命状态。休闲体育是指人们利用余暇时间,为了达到健身、娱乐等多种目的的身体活动方式,是以娱乐身心、发展自我为主要目的的体育活动。休闲体育作为一种社会文化现象,其价值、功能和作用正在为越来越多的人们所认识。在体育运动实践中,人们逐渐认识和体验到体育运动对增强体质、舒缓心理压力、加强人际交往的积极作用。其中,适合老年人的项目有空竹、广场舞、散步等。本章重点探讨空竹运动和DJ酷走项目与积极老龄化之间的关系。

第一节 空竹运动与积极老龄化

一、空竹运动及其基本特点

空竹是发源于我国古代民间的一种传统运动(或游戏),其历史源远流长,文化底蕴十分丰厚。空竹运动也颇具民族特色,饱含着中华民族伟大的智慧和艺术,是我国民间艺术文化体系十分重要的组成部分,同时在我国传统体育文化领域也是浓墨重彩的一笔，影响深远，驰名中外。更值得一提的是，空竹这项我国传统民俗体育活动于2006年被列为首批非物质文化遗产

空竹是一项中国特有的民族传统体育运动项目，历史悠久，具有健身、娱乐、表演和教育价值。空竹运动是将一条适合长度的线分别系在两根短棍的一端，使三条线呈一条水平线，然后绕着空竹的轴线缠绕，进行有节奏地前后拉，使空竹旋转。部分空竹轮内装有特殊笛子，这种笛子会随着空竹的转速大小发出不同的鸣声。

空竹运动是一种运动负荷相对较小的有氧运动，需要四肢的配合和精细到位的技术来完成，且需要练习者坚持长期的锻炼。在抖空竹运动过程中，包含抖、抛、捞、套、勾、拉、甩、挑八种技术手法，且整体姿势、形态多变，主要表现在绳线对轴所采用的不同方法，如"扔""绕""抛高"等动作，常使人眼花缭乱，目不暇接。

空竹运动发展至今，其形式丰富且寓教于乐，分为单人抖、两人对抖、两人抬、隔网对抛、群体表演等，有着独特的民族特色和地方特色。另外，它简单易学，上手快，可操作性较高，对装备的要求不高，对场地、时间和年龄等条件没有硬性的限制。空竹运动本身还拥有群体性、技巧性和表演性等特征。总之，它是一项集文娱、健身、技术、灵活性于一体的兼具古老与新颖、健康和时尚的中华民族优秀传统体育。

近年来，党和国家领导人一直强调要将实现中华民族的伟大复兴作为每位炎黄子孙的中国梦，鼓励广大华夏儿女要坚持文化自信，要大力挖掘、保护、继承和发展中华文明中优秀的传统文化。而空竹文化作为优秀传统文化中的重要组成部分，应当也必将受到更多的关注，对空竹运动文化的内涵、历史及发展现状的探索分析研究也成为了当前传统文化研究领域的一大热点。

二、空竹运动的价值内涵

空竹运动所具有的健身价值内涵，不仅仅是传统意义上身体方面的健康，还包含心理方面的健康；其次是空竹运动的审美价值内涵，具体表现在运动者、技艺、形态、品质精神等诸多方面；最后是空竹运动的社会价值内涵，包括了育人社会价值、和谐社会价值及作为传统民俗文化载体的价值[1]。

（一）空竹运动的健身价值内涵

首先，空竹运动需要身体的上肢、手臂、腰腹、下肢等多处组织协调配合，有利于提高运动者的身体协调性和平衡性。其次，在空竹运动中，需要参与者注意力集中，并且时刻关注空竹的运动状态，需要眼、脑、手等多个器官同时工作，能够有效地锻炼这些器官，对参与者的智力和眼力均十分有益。同时，在空竹运动中由于有节奏的摆动，对骨骼、关节及经络均可进行锻炼，对人体的心、肺、胃也能进行训练，从而提升运动者心肺功能、促进血液循环及新陈代谢。最后，空竹运动不仅对运动者的机体功能起到改善作用，同时也能够使运动者和观看者的心情得到放松和愉悦，能有效释缓压力，陶冶情操。

（二）空竹运动的审美价值内涵

空竹运动的审美价值也十分丰富，按照不同的角度，空竹运动的美学特征有不同的表现形式，例如在空竹运动者身上则可表现为空竹运动

---

[1] 郝晓蕊.空竹文化的价值与传承发展研究[J].体育科技文献通报，2011，19（3）：122-123.

姿态美、空竹运动动作美、空竹运动装饰美、空竹运动行为美；在空竹运动技巧上则可表现为空竹运动技巧协调美、空竹运动节奏美、空竹运动技巧灵活美；在空竹运动形式上则可表现为空竹运动造型美、空竹运动编排美、空竹运动形式美；在空竹运动精神内核上则表现为空竹运动品质美、空竹运动素质美、空竹运动育人美。

（三）空竹运动的社会价值内涵

其一，空竹运动文化的社会价值内涵首先体现在其"育人"价值，在空竹运动的教授与传承过程中，本身就是教与学的过程，通过学习空竹运动技艺、器具制造及文化内涵，也让学习者学习到我国优秀的传统文化，学习为人处世之哲学，学习修身治国平天下的品性；其二，空竹运动社会价值体现在"和"天下，"和"文化是中国传统文化理念中重要的一部分，通过空竹运动爱好者相互沟通学习、交流探讨及相互欣赏肯定或指正修改，能促进人与人之间的和谐交往；其三，空竹运动的社会价值体现于它是民俗文化的重要载体，空竹运动历经千百年的发展，不仅仅是简单的一项传统体育运动，更被寄予着我国广大劳动人民深厚的期许和对美好生活的祝愿与向往，承载着丰厚的淳朴民俗文化。

（四）提高锻炼者的身心健康之美

空竹运动锻炼者通过参与体育实践，能够改善身体的各个器官功能，诸如：呼吸系统、心肺系统、免疫力系统、神经系统、心血管系统等机能的增强，在笔者的访谈中，发现参与空竹运动的老年人居多。大多数老年人表示通过空竹运动锻炼"睡眠质量有所改善"[1]"并且对心

---

[1] 于安然.空竹运动对老年人的积极心理效益研究［D］.郑州：郑州大学，2017.

血管的机能改善帮助最大","缓解了肩关节和腰椎关节疼痛"[1],能够在空竹运动后收获到一种运动带来的流畅快感,感受到运动后的身心之美。特别是通过空竹运动的动作组合,能够体验到空竹运动的乐趣和美感,感受到肉体和空竹运动合二为一的运动快感,"提高了自身的运动幸福感和积极情绪",对心态的改善有一定的积极作用,能够延缓神经系统衰老。由于空竹运动对身体上下肢协调的能力要求特别高,通过身体上下肢和谐运动之美,提高了锻炼者的肌肉力量和关节灵活性。

三、空竹运动对老年人生理健康的影响

空竹这项运动是眼睛、手、身体、方法和步法的完美联合,在做各种的动作时必须高度集中注意力。在空竹运动的过程中,身体的手腕、肩、肘、腰、膝关节,以及上肢、颈部、胸部、背部、下肢等部位都能得到锻炼,从而影响锻炼者的身体素质[2]。长时间进行空竹运动练习的老年人的柔韧性、协调性、灵敏性和力量素质都有了很大的进步。

(一)增强柔韧素质

柔韧素质和健康的关系非常的密切,柔韧性的提高可以使老年人更好地提高其他身体素质,如速度、力量等,对预防运动中出现的损伤也有积极作用。在进行空竹运动的过程中,人体的所有关节、颈部、腰椎都随着各种技巧和动作进行运动,痛感强烈但见效缓慢,且需长期保持动作和肢体的伸展。多项研究都表明空竹运动能够显著提高坐位体前屈指数[3]。而坐位体前屈可以简略且有效地将人体躯干的柔韧性反映出

---

[1]郑宁宁.空竹运动对老年人身体素质的影响[D].济南:山东体育学院,2011.
[2]马虎臣.空竹抖技与玩法[M].郑州:河南科学技术出版社,2008.
[3]郑宁宁.空竹运动对60~69岁老年人身体素质的影响[D].济南:山东体育学院,2011.

来。所以通过自身及外力的牵拉训练能有效促进老年人身体柔韧性的提高。但空竹运动是一项长期运动，必须持之以恒才能循序渐进地提高柔韧素质，若停止练习，效果会有所消退。

（二）锻炼协调灵敏性

空竹运动看起来是一种单一的上肢活动，但实际上是需要通过肢体灵活、巧妙的配合，由全身来完成的。当双手握住空竹杆并上下抖动以表现各种各样的动作技术时，人体上肢的肩、肘、腕、髋、膝、踝、颈椎和腰椎都在同时进行运动，以此来带动练习者的身体向前、向后、向左和向右移动。动作具有独特的可快、可慢性节奏，以及在进行空竹运动时需要对位置和声音进行判断等特点，可以促使老年人感官、听觉和本体感受高度兴奋，从而使中枢神经系统的灵活性和思维敏捷性得到提升。经过长期的反复练习，可以提高肢体的协调能力，促进人脑的发育，提高灵敏性[1]。

（三）提高心肺耐力

伴随着老年人年龄增长的是人体组织和器官的逐步老化，还有心脏和呼吸系统的结构和功能也将发生重大的变化。张毅对进行了12周空竹锻炼的老年人进行了研究，发现空竹运动对老年人心肺机能的影响更明显[2]。且空竹运动对老年人肺活量的升高有一定积极作用，还能使收缩压、舒张压和静息心率明显下降。因此，长期进行空竹运动可以帮助改善和延缓老年人呼吸功能的退化。

---

[1] 赵成鹏.谈民族传统休闲体育项目——空竹[N].科学之友，2010.
[2] 张毅.12周空竹锻炼对60~69周岁老年人群心肺机能影响的实验研究[D].济南：山东体育学院，2011.

（四）提高视力

在进行空竹锻炼的过程中，练习者的注意力需要高度集中，特别在做各种动作技巧时，眼睛应该始终注视空竹在空间上的位置变化，并且需要上肢配合以完成各种动作，并根据具体情况快速做出判断及应对行为。在此过程中会不断刺激和锻炼双眼和脑神经，从而改善神经肌肉系统的反应能力[1]。因此，空竹运动能增强老年人的集中注意力的能力，并能促进大脑发育，改善功能，甚至提高视力水平。

（五）加强血液循环

空竹运动是一项有氧运动，老年人在运动过程中心情舒畅、呼吸自然，日光照射可以促进体内维生素D的生成，加速骨的钙化，使骨质更坚实；它还能增强血液循环，极大地改善骨组织的血液供应。陈超将经常参加空竹运动和未参加任何体育运动的老年人进行比较分析显示，进行48周空竹运动的老年人的高密度脂蛋白显著增加，胆固醇浓度显著降低[2]。

（六）改善身体成分

身体成分是指人体内水、脂肪、矿物质、蛋白质等各种物质在体重中所占的百分比，是决定和影响早期人体健康的重要因素[3]。针对老年

---

[1] 石峰.长期空竹锻炼老年人身体成分与体质特征[J].中国老年学杂志，2015.
[2] 陈超.空竹锻炼对老年人高密度脂蛋白的影响[J].武汉体育学院学报，2008，42（8）：67-70.
[3] 王小迪，张保国.老年人体育投入水平与身体成分指标差异及相关分析[J].中国老年学杂志，2011，31（12）.

人身体健康来说，将体内脂肪含量降低下去并保持自己的身体成分有合理比例，这两个方面对预防疾病具有着非常重要的意义。去脂肪体重、去脂肪软体重、BMI、WHR、年龄差等相关指标均与脂肪率有关，表明长期进行空竹练习可有效降低老年人脂肪率、增加肌肉含量，显著改善老年人身体成分。

第二节 DJ酷走与积极老龄化

DJ酷走是一种将音乐和健身走结合的运动形式，近年来在河北省快速发展，郑州大学也曾在2018年举行了DJ酷走健身项目建设研讨会。随着DJ酷走运动的发展，有必要针对DJ酷走运动的身心益处进行研究，进而更好地推动DJ酷走运动的发展。

DJ酷走是以节奏感强的电声音乐为背景，以每分钟120～150节拍的节奏快步行走的健身方式[1]。在全民健身推动下，DJ酷走在不同的地区快速发展，其运动形式具有一定的包容性，即无论参与者是什么样的人群，只要能够行走就可以参加，大大地提升了参与者的多样性，有利于DJ酷走在全民健身背景下的快速发展。

一、DJ酷走缘起和发展

DJ酷走最初是源于满衡阳的创新想法，满衡阳退休后非常喜欢参加晨练徒步走。在早晨徒步走时，满衡阳突发奇想，如果有音乐伴奏，挺胸平视前方，走起来会很有精神，随后经过专研、实践，创编出了徒步走的成套动作，比如大鹏展翅、剑指蓝天等。

---

[1]徐浩.老年人步行运动适宜的强度和量的研究[J].当代体育科技，2019（32）：15-16.

DJ酷走经过不断地发展，如今已经成为一种大众健身项目，在动作、速度和音乐的融合度上更加的完善。目前焦作市已经成立了DJ酷走协会，当地体育局也组织了DJ酷走社会体育指导员培训班，DJ酷走逐渐在焦作发展，并在河南省快速形成组织规模。2018年，郑州大学体育学院也举行了DJ酷走健身项目建设研讨会，进一步促进了DJ酷走向着科学化方向发展。

二、DJ酷走的身心效益分析

（一）DJ酷走运动对参与者生理健康的影响

DJ酷走运动强度适中，适合各类人群，在运动过程中没有直接的身体接触，

不会发生因身体碰撞而受伤的情况，对于参与者来说，DJ酷走是非常理想的娱乐健身项目。在DJ酷走运动过程中需要走、转、伸展等动作，这些动作可以有效地调节并提高身体各器官功能[1]，同时使关节的柔韧性、腿部力量和灵敏性等都得到提高，并且对疾病的预防也有促进作用。

美国丹佛科罗拉多大学医学教授奥丁斯经过长期的研究得出关节扭转和拉伸运动方式是增加骨骼密度的。奥丁斯通过研究，了解到就连最容易发生运动骨骼损伤的髋关节，经过长期扭转和拉伸运动训练后，都可以增加4%以上的骨密度，这是由于人在运动的时候，拉伸和扭转会让骨骼发生自我保护的反应，会很大程度上刺激骨质增加，来应对下一次的冲击影响，DJ酷走运动中需要不断地扭转拉伸，这样会减缓中老年的

---

[1] 徐坚，武玟斌，樊晓婕. 全民健身国家战略背景下健身走运动的社会学分析［J］. 山东体育科技，2018（3）：87-90.

骨质丢失和预防关节炎的发生[1]。DJ酷走的运动过程中，需要运用呼吸，完成动作需要耐力，特别是在激烈的音乐配合下，参与者在行走过程中，节奏会保持，加上周围其他人喊出不同口号，就会使参与者保持运动参与持续性和兴奋程度，这对于提升参与者的耐力具有积极作用。另外在DJ酷走行走过程中，需要参与者保持一定频率的呼吸，这种呼吸没有硬性的标准要求，但是对于参与者的胸廓和肺部吸氧等能力都会有所改善，从而提高运动者的肺活量和促进呼吸系统的改善。

DJ酷走主要是以下肢移动为基础，众所周知，脚的神经末梢与大脑皮质的中枢神经紧密相连，比如累的时候泡脚就会缓解疲劳，这就是最好的验证，所以DJ酷走运动对运动者的中枢神经有着一定的改善作用。经常参加DJ酷走运动的人其关节也会得到相应的改善，DJ酷走运动中的挺胸、扭转都对颈椎有一定改善作用[2]。总的来说，DJ酷走运动对身体素质及健康发展有着积极作用。

（二）DJ酷走运动对参与者心理健康的影响

DJ酷走是一项积极主动的活动，在参与的过程中队形是整齐划一的，参与者会喊出嘹亮的口号，这些都可以有效地排解不良的心态，提升自信心。另外，参加运动的人必须全神贯注地进行酷走，酷走过程中配合节奏感强的音乐，可以放松心情。

不同的参与者在DJ酷走运动的过程中，需要准确地踩准音乐节奏，反而使参与者不会因为运动而感到疲惫，取而代之的是运动后的轻松和愉悦，让紧张的情绪得到放松。另外，DJ酷走运动是通过身、头、颈、腿、臂、足等多个部位共同参与，实现有效健身的一种方法，在DJ酷走

---

[1]陈立国.在全民健身中推行轻体育的必要性和可行性[J].首都体育学院学报，2003（1）：107–108.

[2]邓树勋，王健.高级运动生理学——理论与应用[M].北京：高等教育出版社，2003.

运动过程中，既能缓解全身的疲惫实现疲劳放松，还能帮助参与者调节身体的分泌问题，增强健身的有效性。DJ酷走中的各种伸展动作，如身体前弯后仰的动作可以加速全身的血液循环，能由里到外地刺激脂肪容易堆积的身体前侧和后侧部位，如腰部、臀部及腿部扭转的姿势也能针对身体局部起到按摩和放松作用，帮助消除内脏周围堆积的脂肪并维持其正常功能，长时间的参与能够有效提升参与者的个人气质和身体形态，进而能够更好地提升参与者的自信心。

三、DJ酷走对参与者的社会价值

DJ酷走具有很高的社会价值，体现在消除孤独寂寞和丰富活动内容的价值。生活在大城市的人越来越缺乏适当的交往，在此背景下，能够有效地增加社会交往，有利于改善人际关系。在运动过程中，参与者无论是男女老少，都可以快速地融入运动之中，这种高度的普适性为城市生活的人群提供了一个交流的平台。即使是在运动过程中，也可以保证交流的开放性，对参与者的身心发展及参与者人际交往都具有积极作用[1]。这主要是因为DJ酷走自身运动的特点决定的，它是一种对参与者要求极低的项目，参与者在短时间内能够掌握DJ酷走的动作，增强了个人参与的便利性，扩大了参与人群，也提升了个人的生活多样性，增强了DJ酷走的社会价值。

DJ酷走能够给人带来快乐，能够活跃整体气氛，并且具有一定的趣味性和观赏性。DJ酷走运动没有太多的技术约束，在行走过程中按照规定的动作进行即可，参与形式往往都是小团体的形式，30人、50人、100人甚至更多都可以，在运动过程中，有响亮的口号和动感的音乐，所以多数人在进行酷走的时候都会在欢声笑语中度过。DJ酷走会对人的心态产生

---

[1] 胡爱武，丁云霞. 试论社区体育的科学晨练与全民健身[J]. 湖北体育科技，2002（1）：85-89.

一定的影响，除了外在的运动开放性的形式，以及口号和音乐作用外，还有动作方面的因素，在DJ酷走过程中，参与者需要做一些动作，这些动作包含了伸展、扭转、提拉、屈伸等不同的形式，这就会增强个人的吸氧量[1]，呼吸直接关系到一个人的有氧代谢能力，也增加了脑细胞输氧量，对正处于学习、工作或者生活压力之中的参与者，会有更好的脑部放松的作用，这就能大大地提升自身的多巴胺分泌，进而增强自身的活跃度和兴奋度。另外在运动过程中，呼吸代谢能力的加强不仅能加强参与者的心肺功能，还能提升自身快乐，这对于整个人的精神状态都具有很好的改进作用。

DJ酷走在整个运动过程中，往往都是在公园、湖边、平整干净的道路上进行，参与者在活动过程中能够看到美丽的风景、提升自身的心情愉悦度。另外，参与者只要有空余的时间就可以随时进DJ酷走，这种随意性和适应性强的特点为参与者的娱乐休闲提供了方便。

---

[1]邓树勋，洪泰田，曹志发.运动生理学[M].北京：高等教育出版社，1998.

第五章
健康中国背景下少林禅武医与积极老龄化

在传统文化体系中,少林文化历史悠久、源远流长,并不断与中华文化相互交融,与易经理论、道家思想、传统武术和中医进行大融合后形成了丰富而独特的少林文化,其中禅武医为少林养生文化的精髓,被称为"少林三宝"。近年来少林禅武医以其丰富的文化内涵和独特的养生价值受到了世人和研究者的关注,登封成立了"河南省嵩山禅武医研究院",特别是国际知名的临床心理学家及脑功能科学家、香港中文大学心理系陈瑞燕教授对禅武医身心功效进行了一系列的实证实验研究,开启了禅武医研究的大门。但目前相关研究刚刚起步,系统的理论研究欠缺,之后的研究需要结合老龄化社会特点深入探讨少林养生文化内涵,以深层生态学的视角挖掘少林养生文化所蕴含的生态智慧,这对当代运动与养生实践的启示,对少林文化品牌的构建以及传统文化的传承与发展都具有积极的意义;在实践层面需要充分发挥少林禅武医服务社会的功能,以科学的养生之道促进积极老龄化,同时也为当代建设生态体育、和谐体育及生态文明建设提供新的理论和实践范例。

第一节　少林禅武医养生文化基本内涵

一、少林禅学养生思想

禅宗是佛教在东汉时期传入中国后受到中国传统的儒道文化的影响而逐渐中国化的产物。少林寺作为"禅宗祖庭"，在我国禅宗发展史上具有重要的地位，禅宗初祖达摩大师与少林寺有一定的渊源，中唐之后随着社会对禅宗的推崇，少林寺则成为了全国禅学中心，后又有惟宽禅师（六祖慧能大师法嗣）、法如禅师（五祖弘忍大师嫡传）等曾在少林寺广传禅法，宋末时期禅门曹洞宗法脉传入少林寺，在明朝达到了空前的发展[1]，少林寺至今仍沿袭禅门曹洞宗法脉。在禅学思想上，最初达摩禅的法门以"安心"为主旨，后其"安心"理论又被具体化为"守一禅法"："守一"为专心致志，观身观心，外息一切诸源，内修一切妄念，静心敛性，专注一境。后少林禅门曹洞宗强调"默照禅"，"默"指静默专心坐禅；"照"指以般若智慧来鉴照清净心性，主张默默地参禅实修，返诸自性清静的真如之心，了悟佛理；在此基础上又主张从内外关系、理事、心物等方面立论，强调理事圆融是认识的极至和成佛的关键。

少林禅武医之禅学思想也秉承了曹洞宗之风，十分强调实修坐禅。但同时少林禅武医并不提倡一味地"默照观心"，只管打坐，不动不起，更强调在"动境"中去体悟"禅"，在行走坐卧的生活之中去参悟禅机。少林禅武医特别强调"行意禅"，且把"行意禅"视为禅武医的

---

[1]释德建，陈瑞燕.少林禅武医德建身心疗法［M］.北京：光明日报出版社，2014：90.

灵魂,把禅武医视为"行意禅"的载体[1]。少林禅武医强调从对义理的参悟到对生活的实践,提倡"生活禅",提倡农禅合一的生活方式,注重身体力行,少林弟子要上山打柴,下地耕种,通过劳作锻炼身心,劳作、锻炼、习武、行医等也都是参禅的方式。少林释德建禅师认为:"禅宗强调感性即超越,瞬间可永恒,更着重于动中去领悟,达到永恒之静,从而跃升入佛我同一,物我两忘,宇宙与心灵融合一体之精神境界,亦即美妙、美丽、神秘的精神世界,这也就是所谓的'禅意'。"并强调"在每日的生活中,时刻反思。还要能够领悟生活中的禅机"。"少林禅武医是练心、练意、练气之法门。能把握心意者,明心见性,刚毅不屈,安心自然。即使身处万丈悬崖边,也能如履平地,无畏无惧。了生死,达无我,观自在。这就是少林禅武医的精髓"[2]。在少林禅武修炼过程中也强调禅宗的"无念为宗",突出"心不沾染,是为无念",少林禅武医传人行性法师则强调在习武过程中要"不用意识",也不用意守的"无意识""遍一切处,亦不着一切处",当去除意识状态后会达到"无我""无念"的体验和体悟,从而契入禅机妙理,进入禅定状态,了悟生命的实质。

总之,少林禅宗通过以禅修心、以禅明性、以禅悟理,通过习禅让人们从根本上认识到自我和世界的本质,引导人们关注点从外部事物转向人的心灵,追求心灵的解放和人性的回归,从而不断完善和升华人的生命本质,实现生命的自我价值和内在超越。

二、少林武学养生思想

最初少林以静态修禅为唯一佛事,然而日久致使肢体血流不畅,百病遂起,武术外能活动筋肉四肢,内能调和精神气质,于参禅、坐禅益

---

[1] 王海涛.少林德建与八卦掌传人的交流[J].精武,2010(2):34.
[2] 赵明元.少林禅武医的传承、特征与价值研究[D].福州:福建师范大学,2016.

处甚多，因之少林历代武僧便"以武入禅"，开创了独具特色的"武术禅"[1]，这即是具有浓厚禅学思想与武学思想的少林武术，本质就是禅和武的有机统一。少林功夫最开始只是僧人们活动筋骨的一种锻炼方法，后根据动物活动特点及日常生活逐渐总结、完善出一套内容广博、特色鲜明的少林武术体系。

少林禅武医在习武上强调打练结合、修身养性、参悟禅理，形成了以套路演练、格斗对抗与功法练习于一体的实用性的教学训练体系，师徒之间经常进行实战的讲解与演练。少林禅武医在习武演练时，呈现出朴实无华、刚健有力、来去迅速、势如破竹的风格，缩身动作多，出手距离身体很近，具有很强的实战和自卫防身功能；在技击战略上强调"虚实兼用、声东击西；沉着果断，内静外猛；视退而实攻，视攻而实退；策活机灵，变化无常"。少林功夫又称"禅拳""武术禅"。少林禅武有三种境界[2]：其一，外五行与精气神力相统一。少林传统武术的外五行，即眼、手、身、法、步，而精气神力即为少林禅学在武术上的具体体现，两者的合一将会迸发出人体潜伏的自然之力。其二，内外五行与大自然相结合。少林禅学讲求修心，讲求顺应自然，少林武术作为其中一分子，更要求外五行的眼、手、身、法、步和内五行的心、肝、脾、肺、肾与大自然的水、木、金、火、土相合，此所谓"五行内合劲，万法归自然"。其三，拳与禅的结合，少林禅武医绝学"心意把"即是最高境界的体现，强调练心、练意，心和意练好了才能驾驭高深的武功，"心意把"即是禅拳，首先要把握住自己，控制自己的心及意，继而调整心境及身体，熟悉经络，精通医理，陶冶禅心武德。少林禅武养生功法无论是内养功法（易筋经、八段锦等）、桩功养生（虚实桩、摇辘轳等），还是古拳法养生（大洪捶、心意把等），都注重从练功中达到静定的境界，也就是从动态的功法中寻求安心的心境，通过专注身

---

[1] 释永信. 禅武合一——少林功夫[J]. 法音，2008（7）：28-29；30-47.
[2] 郭讲用. 从禅宗义理看少林禅武传播[J]. 上海体育学院学报，2010，5：47-50.

体、呼吸的律动，专注手、眼、身、法、步，久之进入悬置形躯、万念尽空的无我之境[1]，打开见到自性的本来面目。因此少林武术功法修炼和个体的禅修相融合，武术成为了修炼者禅修的一个凭借，训练过程便成了参透禅机的转识成智的过程，在静悟开发潜在的般若智慧，达到超越武术、消除武术，以解脱生死、超越轮回的终极境界[2]。

三、少林医学养生思想

少林禅武医是在少林武术与传统中医的基础上催生的独具特色的健身养生体系。少林禅武医之医学是在继承发扬中华传统医学的基础上，特别强调"治心""祛除心魔，洗心性"，只有把心魔打碎，心态平和宁静，精神内敛，才能从根本上改善人的心理及身体状况。少林禅医在此基础上，形成了一整套独特的体系，主要以禅定、导引、吐纳等为基本法门，呼吸、观想、气血、经络等中医学说为基本理论范式，运用"气化""点摩"等方法进行病情诊治、预防与调养。作为少林禅武医代表的"德建身心疗法"，则从"品德"上提倡"治人非治病"，其"德建"有两个意义，代表着疗法的内涵和精髓："德"者"品德"，"建"者"建基"，这个疗法基于正确品德的修养[3]。它以"禅机"和"气机"为基础，通过"禅修""内养功""通窍""饮食"对人体进行全方位的调理，四者相辅相成，缺一不可，形成了一整套独特的医学体系。第一，通过修禅（修养自己心性、修养做人品德和多行善事，常怀菩萨心）培养人的健康的心理与正确的品德；第二，通过少林内养功（虚桩、自然丹田呼吸、自为丹田呼吸、松肩式、风摆柳、沐鼻法、收功等），使人锻炼内气而身体气机畅顺，达到身体健康与心理和谐；

---

[1] 郭玉江. 少林禅武养生思想的现象学诠释[J]. 湖南社会科学，2014（3）：45-47.
[2] 乔凤杰. 佛教禅修与武术训练[J]. 西安体育学院学报，2006，23（3）：61-63.
[3] 释德建，陈瑞燕. 少林禅武医精要[M]. 上海：上海人民出版社，2010（6）：10-11.

第三，通过通窍（强调禅机即气机，重视气的畅通，注重通窍，尤为注重畅通呼吸），保持人体各个窍门（鼻、耳、大肠等）的畅通；第四，通过倡导健康的饮食（提倡自然、天然素食，强调进食以五谷、杂粮、蔬菜、果仁、豆类、菌类、水果为主，忌食腥、荤、辛辣等）减少病从口入的机会，从饮食中养生。总体上少林禅武医主要以禅定、导引、吐纳等为基本法门，以呼吸、观想、气血、经络等中医学说为基本理论范式，运用"气化""点摩"等方法进行病情诊治、预防与调养，同时还要求病人改善饮食、生活习惯，比如通过"饮食""斋戒"等方式来调和身心，以收修心养生之效。

第二节 少林禅武医生态养生特征

生态文化是生态文明建设的思想和理论基础，而生态文化又是一种新兴的文化，还处于形成和发展阶段，其定义及内涵的界定尚未形成共识。其中陈寿朋等认为："生态文化是一种生态价值观或生态文明观，反映了人类新的生存方式，即人与自然和谐的生存方式。"[1]雷毅强调："生态文化是以整体论思想为基础，以生态价值观为取向，以谋求人与自然协同发展为宗旨的文化。"[2]卢风从理念层面上进行了阐释：生态文化应是"以生态价值观为核心的宗教、哲学、科学与艺术"，必须超越人类中心主义、物质主义、经济主义、消费主义和科学主义，技术上必须从征服性技术转向调适性技术[3]。穆艳杰等从哲学形而上视角对生态文化的内涵进行了理论阐释，从本体论层面出发认为"生态文化应强调人、自然与社会的有机统一"，从价值论层面出发认为"生

---

[1] 陈寿朋，杨立新. 论生态文化及其价值观基础［J］. 道德与文明，2005（2）：76-79.
[2] 雷毅. 生态文化的深层建构［J］. 深圳大学学报（人文社会科学版），2007（3）：123-126.
[3] 卢风. 论生态文化与生态价值观［J］. 清华大学学报（哲学社会科学版），2008，23（1）：89-98.

态文化更注重世界万物和谐共生的主体价值",从伦理学层面出发认为"生态文化更推崇对自然万物的仁爱之心"[1]。

少林文化作为中原文化的一个重要组成部分,禅武医是少林文化的精髓,养生是"少林禅武医"普世和济世的文化载体。从生态文化层面看,少林养生文化则是以少林寺为主体的历代少林人在与自然及社会生态环境交往的漫长历史过程中,以佛家的宇宙观、文化观和生态观为指导,以调适身与心、人与人、人与社会、人与自然之间的关系,促进人的身心灵和谐,进而形成以生态与文化的和谐共融为出发点的生态物质文化及生态观念文化。具体具备以下生态养生特征。

一、整体系统性

整体和联系的观点是深层生态学的基本观点和理论支柱。"世界整体上是一个有生命的'生态系统','整体'与'部分'的区别只有相对意义,它们之间的相互联系才是最基本的。所有现象之间有一种基本的相互联系和相互依赖的关系。"[2]同理,人是自然存在、意识存在与社会存在相互统一的"生态系统",自然属性、精神属性和社会属性之间彼此关联、相互依赖,形成了人的"系统结构",完整地支撑着作为"整体存在"的人。少林养生文化正好契合了深层生态学这一整体系统性特性,首先从个体生态系统来看,少林养生文化认为人的生命机体是一个具有内在关联的活的生态系统,认为"形"与"神"或"身"与"心"相互联系和相互依赖,共同统一于人这一个整体,其主要养生观就是"整体恒动,形神俱养",在关注个体身体健康基础上更加关注个体的心理健康。如德建身心疗法重点强调"医心非医身",治疗理念突

---

[1] 穆艳杰,李忠友.从哲学的视角解析生态文化内涵[J].东北师大学报(哲学社会科学版),2016,282(4):93-97.

[2] 许丽芹.深层生态学的深层生态文化价值观解读[J].求索,2011(1):119-121.

出"自医非他医",通过预防使人主动远离疾病,通过改善饮食来强化人体的自愈能力,形成了一整套独特的体系。从社会生态系统来看,少林养生文化不仅仅局限于人的个体层面,也强调人与人、人与社会等社会层面,不仅仅注重个体身心健康,还关注个体社会健康和道德健康,提倡"以德养生"的养生观,在强调"修德、治心"的基础上,自我与外部世界之间形成一种和谐与默契,这就要求个体要在一定社会伦理规范下循规蹈矩地规范自己的行为和精神活动,这其中蕴藏着顺应天道的智慧。少林禅武医的修炼过程就是一个武术与道德的提升和提纯过程,不仅对修炼者的武学素养有较高的要求,对其人格品质与道德情操也有较高的要求。从自然生态系统来看,少林养生文化将个体看作自然生态系统的一个组成部分,人的养生应效法自然而顺应自然之道,逐步引导人们从各种束缚中解脱出来,回到自然的应然状态,开启自性,最高境界则是"天一合一"的无我之境。由此可见,少林养生思想的整体系统性特点就是以"全面协调发展"的生态原则为准绳而取得身与心、人与人、人与社会、人与自然的整体生态和谐。

二、融合协调性

少林禅宗思想在理事关系上以"回互"理事圆融为核心的思想,在看待世界和万事万物上认为存在"回互"与"不回互"。"回互"是任何事物之间都互相联系、互相融会,此中有彼,彼中有此;"不回互"是指万物都有自己的位次,各居本位并不杂乱。少林养生文化也彰显了这一"回互"理事圆融的思想。从少林养生文化自身组成来看,少林养生文化生态系统主要由少林禅学、少林武学和少林医学三个子系统构成。禅为根基,是少林禅武医的重要理论支撑;武为修身,是禅心在具体身体层面上的实践方法;医为功用,是禅在性命观和健康观层面的具体体现;以禅修心,以武修身,禅武合一;以禅明性,以医调病,禅医一道;以武修德,以医济命,武医一体。养生是少林禅宗、武术和医学形成与融合过程中最好的结合点和平衡点，三者在共融的基础上又相互补充、相互协调，少林养生文化之"禅"侧重修心，以修心而达到养身的目的；"武"侧重修身，以修身达到养心的目的；"医"是对禅武修心修身的补充，三者互为补充达到养生的目的。总之少林养生文化各个系统在相互联系、密切相关、相互协调又各具位次、各具特色的基础上组成了一个共生共融的生态系统。同时从整个文化生态系统来看，少林养生文化不仅是社会文化系统的一个子系统，也是自然生态系统中的一个子系统，与社会环境和自然环境存在着相互依存共生共融的关系。

三、可持续性

从物种进化的视角看，"养生的生态本源是作为'生命体'的一种普遍的生态调试方式而存在"[1]。"少林养生"的核心内容是禅武医，通过禅武医养生，对人的生理、心理和社会适应施加有益的影响，调整机体机能，保证生命活力，彰显人的自然属性与社会属性。无论是关注内心体验的禅，还是以身体运动而存在的武，还是关注身心的医，都是为了达到健康长寿、美满幸福的生命追求，包含着深层生态学的生命关怀的观念，体现着人类对完美生命的理想追求，都表示着人类可持续发展的伦理要求，它也启迪人们审视生命的真实存在，教人珍重生命，淡化物欲，逐步从身心束缚之中解脱出来，回归养生及自然的应然状态。因此，只要有人类的存在，对生命的关怀、对生态环境的依赖将永远不会改变，探索生命质量和拥有生态、和谐、永续的生存环境将是一个永恒的课题。少林养生文化以其特有的文化观、宇宙观和生态观为指导，以呵护生命、寻求人与自然和谐共存为目标，充分体现了人与自身、人与人、人与社会、人与自然和谐永续的生态追求。从技术层面看，其养生方式反对征服性，强调调适性，彰显了生态文化的主体特征。

---

[1] 李宏斌.生态体育的生态伦理底蕴[J].伦理学研究，2011，19（1）：133-135.

总之，少林养生文化在本体论层面"强调人、自然与社会的和谐统一"，以禅宗的"回互"理事圆融为指导，强调"整体性视阈"，养生应注重身与心、人与人、人与社会、人与自然的和谐；在价值论层面"注重世界万物和谐共生的主体价值"，强调系统论、生态主体论，在"回互"基础上也注重"不回互"，突出禅、武、医各个部分的主体价值，在个体价值的基础上更注重社会和自然的主体价值，去除人类中心主义，将人、自然、社会视为复合生态系统，具备共生共融的主体生态价值；在伦理学层面彰显了对自然万物的仁爱之心，以佛家的"无缘大慈、同体大悲"的平等观、慈悲观为指导，以禅修心明性、武为修身修德、以医调病济命，具有普世、济世的实践功效。因此，在哲学层面上少林禅武医文化充分体现了生态文化的内涵特征。

第三节　少林禅武医养生与积极老龄化实践

一、少林禅武医的养生原则契合积极老龄化内涵

（一）涵养心性，注重精神生态

生态问题不是单一的科技和经济发展问题，也不是单一的人与自然的问题，它还涉及人的精神生活。正如生态学者鲁枢元先生所指出的："生态学研究应当注意到，人不仅仅是'自然性'的存在，也不单是'社会性'的存在，还是'精神性'的存在。因而，在自然生态与社会生态之外，还应当有'精神生态'的存在。"[1]当代随着物质生活的

---

[1]鲁枢元.文学与生态学[M].上海：学术出版社，2011.

极度繁荣，人们对健康的不断追求，以及休闲时代的到来，人们意识到了人类在此环境中精神领域、道德领域、情感领域的缺失和空虚[1]，因而心理和谐和健康成为了当代人面临的最大挑战。尽管体育与休闲以其独特的形式给人类提供了一个畅通、健康、安全的宣泄通道，但目前随着西方体育的东渐与奥林匹克的冲击，部分老年人在从事体育活动时多注重外部形体的操练，而忽略了意识锻炼的内作用性，故难以真正达到养生之目的[2]。人们更多地把体育锻炼下放到形而下的身体形体层面，认为只有大汗淋漓才有效果，认为结实肌肉才是健康的体现，认为一招一式才是锻炼核心，而忽略了体育运动的形而上的哲理层面，忽略了涵养心性，忽略了如何才能发挥体育的养生功能。少林禅武医以禅为中心，以涵养心性为基础，为解决当代中国人的身心健康问题提供了一剂良方[3]。少林禅武医德建身心疗法特别强调"治心""祛除心魔，洗心性"和品德的培育，通过禅修修正心境、思想及行为，通过内养功法通身体气机，并培养个人自我控制能力，使修炼者达到身心的平衡与和谐，从根本上改善身心的状况，并在自我的觉悟过程中体验生命的真谛，乃至在终极意义上生命境界的提升与超越。作为心性之学的禅宗早已进入西方，受到西方各界的青睐，英国著名学者汤因比教授指出"佛教西传是20世纪最有意义的事件之一"[4]，特别是正念禅修技术的引入，引起西方心理学、社会学等诸多领域的高度关注，且在心理治疗和身心健康方面进行了各种实证研究。研究表明，正念冥想训练对焦虑、抑郁等负面情绪障碍及身心疾病具有积极疗效，对个体情绪调节能力和

---

[1] 邱丕相，王震.人类生态文明视域下的未来武术[J].武汉体育学院学报，2007，41（9）：1-4.

[2] 郭玉江.瑜伽运动的生态女性主义意蕴[J].西安体育学院学报，2016，33（5）：550-554.

[3] 陈瑞燕.德建身心疗法——少林禅武医临床应用[EB/OL].http://www.china351.cn/kxyjshow.asp?id=723 2009-10-30.

[4] 让-弗朗索瓦·勒维尔、马蒂厄·里卡尔.和尚与哲学家[M].陆元昶，译.南京：江苏人民出版社，2000：161．

主观幸福感等积极心理品质也有促进作用[1]，其科学性越来越被人们普遍认可，各种正念疗法被不断地开发出来[2]。在关注治愈身心疾病的同时，西方还把正念疗法作为一种对智力潜能的开发，以及超常心理和意识状态的体验的心理训练实践；同时这种异域文化之间技术的相互学习已经冲破纯粹的技术层面，也涉及更深层次的文化交流与融合[3]，西方在追求治疗效果的同时，体悟到"自证自悟、自我指导""无为接纳""全面健康"等东方养生文化的哲理智慧。但西方的禅修更多地从科学层面探析客位观察的"第三人称"研究，而东方佛教则倾向主位观察的"第一人称"实证[4]，尽管西方心理机制及脑生理机制大量科学研究成绩斐然，但很难真正触及正念禅修的本质内涵。而作为禅宗文化的发源地，我国禅修无论是在研究层面还是在实践层面都远远落后于西方。研究层面定量和定性的研究都相对匮乏；实践层面禅修还未真正走出寺院禅堂，走进大众，远远未发挥真正身心养生价值。因此选择运动与养生不能一味地追求运动强度、负荷，也不能一味地追求竞技的输赢，应注重形而上的养生哲理内涵，以涵养心性、增进道德为目的，注重优化个体精神生态，才能达到更好的养生效果。

（二）去"个体"化，优化社会生态

深层生态学的整体观认为，"整个生态系统中的所有事物无不是相互联系、彼此作用的，并与它所隶属的更大的整体相互作用而形成规定的结构"[5]，人类不过是这一系统中的一种成分。因此，人类要想提高

---

[1] 刘雷，王红芳，陈朝阳.正念冥想训练水平对情绪加工的影响[J].心理科学，2016，39（6）：1519-1524.

[2] 石文山.美国正念禅修的心理学化实证研究[J].徐州师范大学学报（哲学社会科学版），2012，38（9）：146-150.

[3] 叶浩生.有关具身认知思潮的理论心理学思考[J].心理学报，2011（5）：589-597.

[4] 石文山，叶浩生.具身认知：佛学的视角[J].心理学探新，2010（5）：15-19.

[5] 雷毅.阿伦·奈斯的深层生态学思想[J].世界哲学，2010（4）：20-29.

生命和生活质量就必须正确处理自我身与心、人与人，以及人与社会的关系，在和谐共融的基础上实现人的全面发展和社会生态和谐有序，最终实现人的自然属性、精神属性和社会属性的完美统一。少林养生文化是建立在整体生态观的基础上对人整体系统地呵护，通过禅修心性，以武养身，禅武结合，并配以"医"调身心，注重倡导以德养生，注重人与人、人与社会的相处之道，强调返诸自身，以改善自我到摈弃自我乃至达"无我"的状态来调整社会关系生态。人们生活中的烦恼及社会问题的出现，正是因为个体太多关注"我"的存在和需要，忽略了人的本性及他人和社会，因此只有对"我"的超越才能实现生命的内在价值和社会的和谐发展。因此，无论从个体生态角度还是社会生态系统来看，"无我"境界都是最高的境界，而这种"无我"的境界正符合深层生态学所提倡的去"个体"中心主义价值观，从而最终建立一种人、自然与社会三者真正融为一体的"乌托邦"式的生态社会[1]。

（三）物我合一，融入自然生态

人具有"生态本原性"，人类来自于自然，自然是人类生命之源，也是人类实现生活愿望和人生追求的重要场所[2]，个体生命主体和自然环境全息同构，是一个不可分割的有机整体。在人与自然的关系上东西方文化存在很大差异，形成了各自体系的关系实践模式及观念形态。西方人本主义文化中所强调的个性自我的充分发展，强调人类中心主义，自然为人类的附属物。后来深层生态学批判这一思想，强调人与自然和谐统一，人是整个生态系统中的一员，认为人类应从"本能的自我"到"社会的自我"，再到"生态的自我"（人与生态环境交互关系中形成

---

[1] 张广勋，黄美红. 论深层生态学视野下的《生态乌托邦》[J]. 新疆社会科学，2015（1）：140-145.

[2] 曾繁仁. 试论人的生态本性与生态存在论审美观[K]. 人文杂志，2005，15（3）：77-83.

的真正的形而上的大我)[1];东方文化则以物我合一、道法自然和天人不分的方式来看待自然万物;如我国的堪舆文化就是一种以营造和谐的人居环境为主的"人与自然"关系的实践模式,强调统筹考虑山、水、生态,以及居住环境等自然要素和"我"在内的社会文化等诸多因素,注重各生态系统的动态平衡状态[2]。又如佛教的生命观坚持生命主体与自然环境的整体性、平等性,认为万物共生、相互依存,这些朴素的生态伦理思想正是深层生态理论的一个重要理论资源[3]。从养生角度来看,个体只有与自然及社会环境中的各个因素达到平衡,个体内外各种因素达到和谐,才能远离疾病获得健康[4]。少林禅武医养生文化强调个体身心和谐、个体与自然社会和谐,这对当代社会过分地追求自由,扩张个体欲望,导致身心失衡,过分注重人的立场与利益,导致自然生态环境破坏等危害健康的现代趋势具有补助性和纠正性的意义。少林禅武的习练要求之首务就是顺应自然,大自然是人类赖以生存的源泉,同样大自然亦是少林禅武的生命之本,要求心态自然、动作自然,更注重走入自然、融入自然,如少林禅武医释德建禅师深居嵩山三皇寨,常在山间树旁,甚至在悬崖峭壁上练武。少林禅武医通过武和医调整"本能的自我",实现健身祛病养生境地;通过行医、立德来塑造"社会的自我",以他人为中心,慈悲济世,完善道德境界;再通过参禅证悟实现"生态的自我",证悟到"不二平等""圆融无碍"的天地境地[5],甚至达到超越深层生态学的"缘起性空"的无我境地[6]。这提示老年养生

---

[1] 王正平.环境哲学:环境伦理的跨学科研究[M].上海:上海人民出版社,2004:243.
[2] 吴宗友.堪舆文化:基于中国传统社会的深层生态学[J].江淮论坛,2011(1):114-118.
[3] 林敏霞.深层生态:佛教的诠释及实践[J].广西民族学院学报(哲学社会科学版),2004(7):173-176.
[4] 曾文星.文化与心理治疗[M].北京:北京医科大学出版社,2002(7).
[5] 郭玉江.少林"禅武医"养生文化的"缘起论"阐释[J].武汉体育学院学报,2017,51(5):68-73.
[6] 王富宜.深层生态学与华严佛学的"自我"观[J].西南民族大学学报(人文社科版),2017,(2):97-101.

锻炼时，应多选择登山、远足、踏青等贴近自然的休闲体育活动，在清净温和、阳光充足、氧离子丰富及恬静幽美的环境中，参与者很容易感觉到轻松愉快，从而进入一个心旷神怡、超然物外的境界，从中真切地感受到天人共融、返朴归真、复得返自然的无穷志趣，对净化心灵，消除工作紧张疲劳，恢复体力和智力（以及情感）机能，强身健体具有显著功效。在此基础之上，"物"与"我"合一，在"大地共同体"的关系中实现"自我超越"，实现整体性的"生态自我"，甚至达到"天人合一"的最高境界。

二、少林禅武医对老年人身心健康的影响

在冷兵器时代，中国传统武术得到长足发展。少林拳集中国武术之大成，采百家之长，脱颖而出，而且融合了中国优秀的传统文化。因此，少林拳的文化内涵非常深刻。从继承和发展中国优秀的传统文化角度讲，每个中国人都应该学习中国武术，认识和了解少林拳。据国家统计局数据显示，截至2019年末，我国60岁及以上人口约有2.54亿，占总人口的18.1%。中老年人是中国传统文化的主要传承者，很多中老年人都承担着一定的社会责任，在群团组织或民间团体中担任职务、参与活动，因此在弘扬传统文化中起着重要作用。即便在家庭里，中老年人也通过培养和辅导晚辈影响着下一代，中老年人学习传统文化，会对青少年一代起到潜移默化的影响。因此说，中老年人习练少林拳是传承和弘扬中华传统文化的需要。

（一）老年人习练少林拳养生功效

少林拳有着极佳的健身效果。少林拳的"健身性"遵循人体发展的生物学规律，通过丰富多样的身体运动，达到促进成长发育、强身健体、延年益寿的目的。中医讲究阴阳平衡，少林拳以阴阳二气合理运动

为理论依据，套路编排上遵循人体正常运动机能和养生科学，通过伸张经脉和合理运气，起到自我调理作用，从而达到增强健康、延年益寿之目的。少林拳的传统拳械套路中，包含屈伸、回环、平衡、跳跃、翻腾、跌扑等各种动作，在练习过程中人体各部位充分参与活动。系统地进行武术锻炼对速度、柔韧、力量、灵敏、耐力等身体素质都有较大提高，可促进心肺功能并延缓肌体衰老。少林拳具有内外合一、形神兼备的特点。在习练过程中，既讲究动作规范、形体美观，又追求传神达意。所谓内，指心、神、意等心志活动和气息的运行；所谓外，即手、眼、身、步等形体活动。内与外、形与神是相互联系的统一整体，少林拳要求"外练手眼身法步，内练精神气力功"，强调内在精气神与外部形体的各种动作紧密结合，协调一致，达到内外合一，完整一气，做到"心动形随，形断意连，势断气连"。经常练习少林拳，可以促进血液循环，增强免疫力，加快人体新陈代谢，少林拳符合人体养生科学，能满足中老年人修身养性、延年益寿的需求。

（二）少林禅武医传统武术养生体系——德建身心疗法

德建身心疗法来自少林传统的禅武医文化，是少林禅武医当代传人释德建所传承的少林寺永化堂（南院）禅武医理论与实践精华。陈瑞燕[1]在其基础上加以发展，将传统的少林禅武医文化与现代西方脑科学整合，形成了综合性的身心治疗方法，并命名为德建身心疗法（Dejian Mind-Body Intervention，简称DMBI）。德建身心疗法以武术养生功法少林内养功为基本载体，同时配合修禅、通窍和饮食，形成了简便、易行、效果明显的身心治疗体系（表5-1）。它追求身心和合，扬弃那种只

---

[1] YU R WOO J, CHAN A S, SZE S.L A Chinese Chan-based mind-body Improves psychological well-being and physical health of community-dwelling elderly: A pilot study [J]. Clinical Interventions in Aging, 2014, 9: 727-736.

针对具体疾病而对病人的心理、生活素质、病者家庭的关怀都不在考虑之内的做法，转变为帮助病者改善其身体健康，同时注重改善心理、思想、人格的素质，帮助病者培养正确的观念及行为。由此可见，德建身心疗法继承传统又超越传统，融合现代心理学、生活科学及医学的观点编制而成。

表5-1 德建身心疗法的主要内容

内容	要点
内养功	虚桩 自然丹田呼吸 自为丹田呼吸 松肩式 摸鱼式 风摆柳 沐鼻法 收功
禅修	修心性 正品德 慈悲行
通窍	通清窍 通浊窍
饮食	清淡素食，忌食腥、荤、辛辣、蛋类等食物

（三）德建身心疗法对老年人身心健康状况的改善

陈瑞燕等人对44名老年人进行为期12周的德健身心疗法自我意识和自我控制学习，同时配合身心锻炼及特殊的素食，即通过了解身心疾病问题的根源，改变老年人群体每日膳食和运动习惯，从而提高老年人群体的身心健康。经过严格干预后，对受试者的知觉压力（知觉压力量表，PSS）、抑郁水平（老年抑郁量表，GDS）、睡眠质量（匹兹堡睡眠质量指数量表，PSQT）、便秘情况（中国便秘问卷调查，CCQ）进行测定。数据显示，德健身心疗法可以帮助老年人显著减少知觉压力、改善收缩压、降低睡眠障碍等。测试结果说明，德建身心疗法对老年人身心健康的维护具有较高的医学价值。同时还检验了少林禅武医倡导的生活方式干预对老年人记忆力的影响。实验对44名年龄在60～83岁之间的老年受试者进行为期12周的干预，结果显示，受试者的语言和视觉记忆力表现分别显示出50%和49%的提升，说明经过德建身心疗法干预后可以显著增强老年人群体的记忆力。

　　总之，少林养生文化与实践越来越受到当代人的重视，已经成为了一种自觉化的文化活动，这既来源于对当今体育活动和养生实践的深刻反思，也得益于对人类非物质文化遗产的继承与开发，更多的是因为其蕴含了丰富而深刻的生态理念和智慧，将对老年锻炼养生具有非常重要的实践启示，因此，期待有更多的研究者对少林养生文化进行更加深入、广泛和细致的探究，为积极应对老龄化、促进传统文化的当代复兴和建设生态文明做出更大的贡献。

第六章
健康中国背景下瑜伽运动生态女性意蕴与积极老龄化

《国务院关于加快发展体育产业促进体育消费的若干意见》是我国第一次从产业角度对我国体育产业发展进行规划，首次将全民健身提升到国家发展战略高度。同时随着体育事业的发展，生态体育概念提出，人们认识到体育运动发展需要一个健康自然且和谐的环境。本研究以西方最有活力和批判性的生态女性主义理论为基础，在对"男权体育"进行批评的基础上，针对具有东方文化基础的瑜伽运动进行探究，分析其符合生态女性主义意蕴的契合点，以阐述瑜伽运动的生态养生价值，同时期待人们对当代老年健身与养生领域的发展进行深度思索。

第一节 生态女性主义视域下的"男权体育"批评

一、生态女性主义概述

生态女性主义是在20世纪初环境问题日趋严重的时代背景下，在生态哲学和女性主义的基础上逐步发展起来一个新兴流派，主要包括哲学生态女性主义、文化生态女性主义和社会生态女性主义等分支[1]，各分支都是以一种批判的哲学方法论来探究生态环境问题、种族歧视问题、人与自然环境的关系等几方面内容，主要认为女性已经成为一种文化隐喻，女性代表着处于弱势地位的人群，长期以来承受着"父权制"的戕害[2]。因此女性生态主义理论的产生和发展一直都伴随着对"统治框架"或者"父权制"的批判，父权制统治的框架有三个基本特征：二元思维方式（二元论）、价值等级观念和统治的逻辑思维。在生态女性主义看来，二元论将原本男女之间平等的状态彻底地打破了，分出了"中心"与"边缘"的概念，二元论表面上将双方看成是相互依存的，各自都有价值和意义，但是彼此之间的价值是存在明显区别的。价值等级观念将一切都按等级分化，认为在等级结构中高等级要优越于低等级。统治逻辑思维的理念就是对于任何的X和Y来说，如果X的价值比Y的价值高，那么Y就要受到X的支配，并且认为这种支配是理所应当的。在"父权制"的理念下，男人被看作"人"或者精神的崇高层面，而女人则被等同于自然或者身体层面，因此男人优越于女人和自然，价值高于女人和自然，驱使女人和征服自然是男人的权利。

生态女性主义通过哲学性别分析、社会性别分析和自然性别分析，突出其对"父权制"中二元论、价值等级观念和统治的逻辑思维的批判，强调女性与自然生态的内在联系，认为环境问题的产生是因为社会意识男性化，生态问题的解决应从女性角度出发。因此生态女性主义者强烈反对"父权制"，目的是建立自愿、平等、和谐的人际关系，建立一个男人女人之间与自然平等和谐的社会。

---

[1]关春玲.西方生态女权主义研究综述[J].国外社会科学，1996（2）：26-30.

[2]龙娟.自然与女性之隐喻的生态女性主义批评[J].湘潭大学学报，2007，31（2）：71-72.

二、男性权力下体育的异化

现代社会的生态主义危机已经威胁到了世界的各个方面,这种"危机"不仅是人与自然关系的危机,也包括人与人之间的交往危机,还包括个体本质对象化的价值危机与情感危机。生态女性主义者认为这些危机在现代社会的集中爆发皆源自男性权力下的人的异化,人类中心、理性第一、男权至上、资本主导都是男权话语的现实表现形式,自然、女性、感性和道德关怀都是被权力宰制的对象。

在体育运动领域,尤其是竞技体育,则更多地体现了这种"男权制"。从体育为战争准备、体育模拟战争到体育代理战争等体育理念的发展过程来看,无不体现和包容了人类的野蛮和攻击性,演变过程也诠释了男性权力的表现和危机[1]。在这一权力话语之下竞技体育的表现尤为突出,男权主义导致了以金牌、成绩、奖励等为价值导向的形成,作为竞技体育主体的人(包括运动员、教练员、管理者、裁判员等)本应追求自身的发展与超越,却被竞技体育这一客体给束缚了,过分追求"更高、更快、更强",过分强调"金牌至上"的理念,被物质奖励和金牌所束缚占有,趋向商品化。运动员为了获得荣誉与金钱,不断扭曲人的自然性,将自己的身体不断沦为"超级工具",不再思考运动本身的意义,不顾及人的存在本然性,以对身体的伤害来换取所谓的价值体现。相关调研发现,我国90%以上的专业运动员少儿时期便开始从事专业训练,他们在身体发育的黄金时期却承受了超负荷的训练,导致大部分运动员留下不同程度的伤病和后遗症[2]。另外,为了恢复对身体的伤害和提高竞技成绩,大量的药物、滋补品被摄入,打破了自然身体的平衡,导致身体的"非自然状态",造成内分泌失调、抵抗力下降等一系

---

[1] 刘桂海.回答:体育本质是什么[J].体育与科学,2011,32(3):20-25.
[2] 杨志敏.身体理论视域下的竞技体育异化[J].成都体育学院学报,2010(5):55-58.

列生理和心理的疾病。

在全民健身领域，伴随工业化生产和消费社会的建立，男权主义思想在社会中占有了主导地位，大众体育也呈现出商品化、产业化的趋势，其本来被赋予的养生、教育和娱乐功能也渐渐被淡化，沦为了物化的工具，导致了社会意识的普遍物化及人的异化。在产业化进程中由于过分强调功利性，部分传统运动项目被披上了时代化的外衣，不再强调文化的底蕴与传承，甚至不惜以牺牲原生态文化为代价，变得媚俗，失去了文化的本真价值。社会形态的转变让体育承载了太多的东西，出现了许多不择手段获取利益的事情。同时在男性权力的影响下，体育崇尚力量、负荷、挑战等"男性"气质，贬低了"女性"的气质，如存在给瑜伽、太极拳等贴上柔弱无力的女性标签行为。这些都最终导致体育本质的异化，破坏了体育运动的健康发展。

第二节 瑜伽运动的生态女性主义意蕴契合积极老龄化内涵

作为后现代主义思潮中产生的生态女性主义，已成为女性主义理论中最有活力和批判性的派别。生态女性主义崇尚自然与人的平等，崇尚对人的温情和关怀，推崇身心的和谐，强调多元生活，在审美上崇尚柔美自然，反对用身体的力量和理性话语压制他者。在体育运动领域，越来越多的人们已经关注到体育的异化，呼唤体育本质的回归，强调提升生命的价值。我国开始将全民健身上升为国家战略，城市健身圈建设发展如火如荼，在众多健身项目中追求天人合一的东方运动养生项目备受青睐。其中具有自然和谐、身心一体、天人合一特质的瑜伽运动是男性和女性都普遍适合的大众运动方式，她崇尚人的主体性，具有"繁衍"与水性隐喻，有着浓厚的生态女性主义意蕴。

一、"身心合一"的追求契合积极老龄化内涵

生态女性主义者除了批判"父权制"外，还针对"父权制"下形成的二元的哲学思维进行批判，二元论把人（man）与自然、心灵与身体、理性与情感、男性与女性分裂开来，二元主义认为"思想""理性"和"男性"具有高于"肉体""情感"和"女性"的地位，强调二元的对立或相互排斥。生态女性主义是"非基础主义"的思想，反对使用对象性和概念性的方法将自然界与主体、身体与意识进行分割，反对古典理性主义哲学对人存在于世状态的抽离，强调直觉主义的思维，崇尚身体本然性的释放。

在体育运动各领域存在"身心二分"的异化。竞技体育尤为明显，身体沦为功利的工具，导致对自然身体的伤害和心理层面上的疲劳与耗竭，最终丧失自我。在社会养生和健身领域中，因传统养生文化建设和宣传的缺失，加上市场运营、媒介推广等原因，导致受众出现错误的养生观念[1]，呈现出身体第一的价值观和过度养身观[2]，诸如"养生"就是"养身"，就是吃营养品，就是锻炼身体。健身层面上人们更多地选择走进健身房，更多地注重运动强度和运动时间，认为肌肉和身材是健康的标志，注重外部身体的操练，忽视了意识锻炼的"内作用性"[3]，忽视了形而上"心"的层面。相关调研发现：健身俱乐部主要以街舞、形体操、有氧健身操等无器械项目和动感单车、踏板操、跑步机等器械类项目为主[4]，总体上是运动节奏快、运动负荷大的西方运动项目，严

---

[1] 敬继红，闫文凯，席永平."养生热"现象折射的社会问题研究[J].吉林体育学院学报，2012，28（1）：134-136.

[2] 徐飞鹏.养生热反思[J].体育文化导刊，2014，141（3）：57-58.

[3] 谷丽霞.我国古代养生观的发展及其对现代健身理论的意义[J].山东大学学报：（哲学社会科学版），2004（5）：65-68.

[4] 李珺.上海市商业健身俱乐部现状调查与发展对策的实证研究[D].上海：华东师范大学，2007.

重缺乏对舒缓柔和、身心俱养的东方传统运动项目的开发和利用。

瑜伽是东方养生文化的代表之一，发源于古印度，有五千年悠久的历史。"瑜伽"一词，是梵语"yoga"的音译，其含义为连接、合一、和谐等。据印度的古典著作《梨俱吠陀》记载，瑜伽是指牛马车上的缰绳、捆绑、联结等[1]，本意是通过缰绳控制牛马，之后被引申为控制欲望以达到寻求精神解脱之意，就是把人的各种能力连接起来，达到超我、身心和谐统一的境界[2]。

瑜伽是生理上的动态运动及心灵上的操练，在身的层面上，瑜伽运动通过伸展、拉伸、力量、耐力、柔韧等体位上的练习，协调和平衡身体机能，增强机体活力。在心的层面上，瑜伽强调时刻通过身体来连接心，通过体位练习和静坐冥想等手段，来消除心理压抑、紧张、疲劳、焦虑等负面情绪，增强平和、宁静、自信、乐观等积极情绪，能够保持思想清晰和身体活力，培养心灵和谐和情感稳定的状态。陈士强等在《瑜伽的生理心理功效研究进展》中综合大量国内外实证研究，指出瑜伽可以改善心血管系统、呼吸系统、运动系统功能，增强免疫功能，改善神经内分泌系统和调节心理状态等[3]。

瑜伽运动通过肉身的修炼来沟通精神之"我"，尤其强调"身心合一"，把精神智慧和肉体完美结合起来。在瑜伽修持中强调体位与呼吸、冥想相互结合，相辅相成才能达到最好的练习效果，而且瑜伽的姿势是身体与精神结合的重要部分。通过意念的引导，促使身体姿势与呼吸相互协调，达到一切和谐的状态。瑜伽的终极目标是通过驾驭肉体感官来驯服那颗永动的心，以达到控制自己的目的。动态瑜伽具体通过专注于当下的身体感官活动，并配合有意识的呼吸，收摄心意，从而达到悬置形躯、控制形躯、身心合一的状态；静态瑜伽冥想是通过调节呼吸

---

[1] 李建欣.印度古典瑜伽哲学思想研究[M].北京：北京大学出版社，2000.

[2] 刘莹.瑜伽与中医养生的比较研究[D].济南：山东中医药大学，2008.

[3] 陈士强.瑜伽的生理心理功效研究进展[J].中国运动医学杂志：2012，31（8）：740–744.

等方式来收摄"眼、耳、鼻、舌、身、意"六根，精神内守，从而达到忘我的合一状态。瑜伽追求精神与肉体结合，追求"身心合一"，这正体现了生态女性主义倡导的"一元论"，也正符合人的本真状态和体育本然状态。

二、"阴阳平衡"的生态契合积极老龄化内涵

生态女性主义者认为环境问题产生的原因是"父权制"文化，同时环境问题对女性健康的影响远远大于男性，使得环境问题对女性的影响引起社会的关注，她们强调"父权制"文化导致性别歧视、种族歧视、阶级剥削、生态环境的破坏，同时认为生态危机是因为现代男权社会的压迫，使得社会、自然环境发展不平衡，自然界中的男性、女性平衡发展才能促使自然生态的平衡[1]。另外生态女性中的文化生态女性主义者和精神生态女性主者在精神层面上认为女性孕育、月经、包容特性，与自然孕育万物、月亮的残缺变化有着密切的关系，并认为男性代表太阳，女性代表月亮，自然界的生态危机只有男女平等，才能从根本上解决。

由于女性先天受生理特征的限制，怀孕期间和经期都不能从事体育运动，从古至今女性与体育运动、身体运动似乎都存在着"隔阂"。在我国古代，征战沙场、保家卫国几乎成为了男人的代名词，就连花木兰代父从军也要用男儿的"假身"，在西方"男权制"理念下，女人的地位自始至终都低于男性，只有男性才有权利进行体育活动。在他们看来，女性天生柔弱、容易受到伤害，而且女性从事体育运动容易有男子气，被认为是不守妇道[2]。体育被赋予了竞技和挑战，甚至取代了战争的位置，崇尚超越极限，彰显男性的气质，这破坏了人与人之间的

---

[1] 耐木.生态女性主义研究——从女性主义到生态女性主义[D].郑州：河南大学，2013，5.
[2] 熊欢.女性主义视角下的运动身体理论[J].北京体育大学学报，2013，36（7）：30-35.

平等性，贬低了女性体育的地位。从社会性别角度分析，体育发展过程中"阴阳失调"正是导致当今体育异化的重要因素之一。生态主义女性一直强调女性身体的重要性，他们一直反对"男权制"对他们身体的歧视，积极阐述体育运动对女性的重要性，甚至强调赋予"女性"气质的运动项目对人们养生的重要价值。

在东方天人合一整体思维方法指导下，个体本身也是一个宇宙，要想健康和谐就必须调和身与心、动与静的关系，其中动与静代表阳与阴。东方的智慧发现，自然界万物处在一种无思无为即"静"的状态之中，只有"致虚极，守静笃"才能达到"道生万物"的"天人合一"的境界，古人曾一度强调以静功为主，追求"气聚""神凝"，但忽视了身的层面，忽视了动功调形。在此基础之上，古人发明了调和身心、调和阴阳的导引术，这其中以瑜伽和太极为代表。瑜伽运动整体上讲究动静结合和阴阳平衡，最具代表的就是"哈塔瑜伽"。"哈"为太阳，象征阳性能量，"塔"为月亮，象征阴性能量。在瑜伽修行过程中尤为讲究阴阳协调，能量平衡，强调身体的锻炼与呼吸控制，强调左右对称、前后配合、动静结合，以达到促进身体健康发展的目的。同时瑜伽修行主要包括"意""形""气"。"意"是指瑜伽的冥想，如入定、专注等；"形"是指瑜伽运动中采取不同的姿势使得身体与外界达到更好的能量交换，可分为背屈姿势、脊柱扭转姿势、站姿、平衡姿势、倒立姿势等；"气"是指呼吸吐纳，气的来源包括三方面，自然之气、先天之气、五谷之气，瑜伽通过呼吸帮助冥想，还可以通过身体与外界能量的交换，达到滋养机体，增加身体器官活力的目的。在实践中控制和导引人体的气机和阴阳，以气运身，使真气遍布真身，调和五脏六腑，平衡人体的阴阳，在促进人体器官健康协调运转的基础上，追求整体功能的最大发挥。

瑜伽运动不追求更高、更快、更强的超越目的，不强行超越自身生理极限，不以消耗过多能量为代价，而是以柔和、缓慢、自然、安舒身体动作为主，以达到补充能量、调和阴阳平衡的目的。因此无论从健身项目的"女性"气质上看,还是从健身功效调和个体阴阳生态平衡上看,瑜伽运动都契合了生态女性主义的意蕴。

三、"梵我归一"的境界契合积极老龄化内涵

生态女性主义认为女性接近于自然,主张自然世界与女性主义精神的结合,表达了生态女性主义追求的人与自然的和谐统一关系。生态女性主义者用母亲的形象来隐喻大自然,女性生育子女繁衍后代及包容的性格就像大自然孕育和滋养着人类一样。在西方"父权制"的二元思维方式概念下,人与自然、男人和女人是对立的关系,自然是人类征服的对象,是人类发展所借助的工具,就像他们把女人看作为男人所用的"他者"一样[1]。生态女性主义主张破除"人类中心论",恢复自然原本的价值,把人对自然的"控制"转化成对自然的"敬畏"[2]。通过对自然概念的分析,对传统社会建构的自然概念的批判,结合对"父权制"的反抗和批判,建构了生态女性主义视域中的人与自然共融的新型关系。

体育运动的发展过程中过分强调超越肉身之我,忽视精神之我,更忽视了超越"我"之上的"梵天"的境界,也即"道"的境界或"无我"的境界,这种境界也正是东方圣哲苦苦追寻的"天人合一"的境界。瑜伽经典《薄伽梵歌》中这样定义瑜伽:"瑜伽就是促使个人灵魂(小我)与宇宙灵魂(梵或大我)结合化一的手段。"因此瑜伽被看作与宇宙自然和谐相处的艺术。瑜伽倡导灵魂与宇宙的结合,使人的心灵超脱于肉体的束缚,通过个体意识的觉醒,实现精神的解脱。一是通过瑜伽体位练习,配合呼吸训练,全神贯注投入到肉身之我的体位动作,在模仿过程中去体悟和感知身体和我的存在,进而忘却身体,忘却肉身

---

[1] 余维海.生态女性主义及其对我国生态文明建设的启示[J].前沿,2011,299(21).
[2] 王霞.生态女性主义视角下人与自然关系的重塑[J].理论探索,2013,5.

之我，达到"无我"的境界。二是通过瑜伽的静坐冥想，冥为泯灭，想为心思意念，通过凝神（将心专注于一点）每个当下，将全身、全心、全灵纯然地处于"在"的状态和持续的觉知状态，将个体意识与一切万有和宇宙意识相互连接，感受到与那个原始动因的沟通，达到入定的三摩地境界，即我、心、境融合无二无别的"梵我归一"的境界。瑜伽这种"梵我归一"状态正契合了生态女性主义中人与自然的和谐统一。

瑜伽修炼尤为强调个体的道德规范，注重人文教化和社会生态，将"非暴力、真实、不偷盗、节欲、无欲"作为修炼者的基本道德规范，同时也注重修炼者的内外净化，内净化"欲望、愤怒、贪欲、狂乱、迷恋、恶意、嫉妒"等七种恶习，外净化为"端正个人行为习惯，美好周围环境"，这些也契合了生态女性主义的社会关系生态理念。

另外瑜伽运动本身也是效法自然、模仿自然与自然合一的最好诠释，它的创编和发展过程蕴含了自然万物生长的智慧，采用的体位和姿势多模仿动物（如眼镜蛇、蝗虫、龟、骆驼等），效法动物在患病期间是如何自我痊愈的，也有效法植物的生长奇特的规律。因此瑜伽本身就是一个蕴涵大自然神奇造化功能信息的载体[1]，本身就具有自然"繁衍"的隐喻，具有水性包容的隐喻，这也正契合了生态女性主义的意蕴。

崇尚男权、主客二分的西方文化呈现出了人本精神危机和生态和谐危机，生态女性主义成为了西方最有活力和批判性的流派之一，强调在打破男权主义的基础上建立一个男人、女人和自然平等和谐的社会。在体育运动各个领域，这种男权性的、具有宰制性的、商业化的异化现象表现更为突出，已经威胁到体育的健康和谐发展。在体育的诸多运动项目中，代表东方智慧的瑜伽运动契合了生态女性主义所推崇的人类活动方式，摆脱了"男权制"的桎梏，崇尚人身心和谐、人与自然和谐，崇

---

[1] 李秀.太极拳与瑜伽之比较研究[J].海南大学学报（人文社会科学版），2006，24（3）：446–450.

尚人的主体性，具有自我"繁衍"的隐喻、水性的隐喻，追求身心同一、阴阳同一、梵我一体，具有广泛的适应性，是一种达到身体、心灵与精神和谐统一的运动方式，是一种连接自然宇宙的媒介，达到生态女性主义的理想境界，是一种较为理想的应对积极老龄化"身心合一"的运动项目。

第三节　瑜伽运动与老年人身心健康

据前人调查显示，我国拥有庞大的老年人口数量，2040年我国的老人数总计将达到3亿以上。与日俱增的老龄化问题使人们高度关注老年人的身体健康，健康问题是老年时期最常见也是最难解决的问题[1]。随着国民经济的发展，人民生活水平的提高，除了关心身体健康问题，还应研究老年心理特征问题，重视老年病人的心理健康。高质量的身心健康已经成为老年人幸福感中最重要的内容。瑜伽是通过身体姿势调整、有节奏的呼吸和冥想组合创造一种平静的心境，使练习者注意力集中，调节意识和情绪状态，减轻压力，提高免疫功能。瑜伽运动是一项古老的运动方式，提倡的是人与自然相结合，通过冥想、静坐运动等方式感受大自然的气息，通过舒展的动作来使身心放松，被认为是一种身心疗法的运动。

一、瑜伽运动与老年人生理健康

老年人的健康问题普遍以心脑血管疾病、关节疼痛等慢性疾病为主，研究发现，我国高血脂发病率极高，患病人数可达1.6亿，发病率逐年上升且向着年轻化发展，每天不少于1小时的瑜伽运动可使老年心血管

---

[1]苗思雨.中老年人的健身运动处方研究[J].当代体育科技，2020，10（35）：175-177.

患者病死率减少68%。心血管患者运动危险时间是早晨6：00~8：00，因清晨老年人的血液黏稠度较高，室内和室外的温差较大，由于老年人的血管弹性和心脏功能下降，骤冷与骤热易导致血流循环不足，发生心肌梗死或脑梗死[1]。瑜伽方便练习，安全可靠，成为老年患者预防心血管疾病的首选运动。

瑜伽运动不同于其他的健身方式，瑜伽是以特有的静感来达到健身、塑性和缓解疲劳效果。瑜伽呼吸采用腹式呼吸和胸式呼吸结合而成的完全式呼吸，肺的上、中、下三部分都参与呼吸，腹部、胸部乃至全身都在起伏张缩，加快了全身的血液循环，身体的氧耗量也明显增加，在一定程度上促进血液与氧气的融合从而增进心肺功能或是减缓心肺功能退化；瑜伽动作中大量的前弯、后仰、扭动、斜腹、挤压动作，由于不同的经络刺激，对机体内脏有着不同的调理作用；同时可伸展筋膜，肌肉舒展，加强肌腱韧带、骨骼的支撑，增强关节的连接和肌肉力量，可增强身体平衡能力，减少老年患者摔倒、骨折概率，且有助于骨量的修复和维持。

同时在进行其他健身项目的锻炼后，瑜伽练习可以让做完有器械后和无器械后运动的肌肉放松下来，帮助舒展肌肉；可以改善人的体形，使之变得更为协调、线条优美；同时还有安静宁神的成效，练后有利于减少疲劳感。也就是说，瑜伽能让人的身体弃旧容新、固本精神、舒筋活络，在不知不觉中保持温雅的体态、轻飘灵活的姿态，从而塑造自然、俊美、年轻的身体。

二、瑜伽运动与老年人心理健康

当前，全球人口呈现持续老龄化的趋势，与此同时阿尔兹海默症

---

[1] 徐英微. 瑜伽运动在老年患者康复治疗中的应用[J]. 中国老年学杂志，2020，40（10）：2230–2233.

（alzheimer's disease，AD）和轻度认知损害（mild cognitive impairment，MCI）等认知障碍疾病的患病率也在增加，预计到2050年，全球患有痴呆症的人数将会增加3倍，达到1.315亿[1]。随着年龄的增加和身体的不适，老年人的睡眠质量随之降低，可能会受到焦虑和抑郁的困扰，这给老年人的生理和心理健康带来严重影响，同时给其家人带来严重的经济和心理负担。

瑜伽可以减少由于外部环境变化带给人们的紧张、焦虑、恐惧和悲伤等，这些外部环境因素包括自然灾害（海啸等）、工作和学习等；瑜伽也可以减少自身内部原因造成的紧张、焦虑、抑郁、疼痛和睡眠不好等，瑜伽疗法可改善心血管耐力、炎症标志物和柔韧性，使得老年人的幸福指数升高和压力感改善。

长期运动可改善人体的整个神经系统，缓解心理疲劳，在肌肉的收缩和呼吸的吐纳中完全释放内心的不悦。通过缓慢均匀的深呼吸，"调身、调息、调心"三位一体，其中尤为重要的是调息（对呼吸的控制）。呼吸的吐纳要和瑜伽前屈后展体位动作有一定的关联，要求呼吸深而长、缓而慢，在几种呼吸法上配合体式的练习，要求老年人把意识放到呼吸上，并能保持头脑的清醒、精神状态的平静和积极，因为呼吸与支配情绪的自主神经有密切关系，配上舒缓优雅的音乐，能更好地预防和缓解心理相关的疾病[2]。最终将呼吸和体位充分融合，对舒缓压力、缓解抑郁情绪、放松心灵具有显著功效。

三、老年人在瑜伽运动中应注意的问题

不经常参加体育运动的老年人，如果运动量过大，会出现腰背疼

---

[1] ALZHEIMER'S DISEASE INTERNATIONAL.World Alzheimer Report 2015：The global impact of dementia［EB/OL］（2015-09-21）［2020-12-15］.https：//www.alz.co.uk/research/world-report-2015.

[2] Xing C，Zhang R，Cui J，et al. Pathway crosstalk analysis of nonsmall cell lung cancer based on microarray gene expression profiling［J］.Tumori，2015，101（1）：111-6.

痛、全身无力、四肢疲劳等不适，导致运动后的乳酸堆积。研究表明，许多中年人通过瑜伽或运动会产生腰肌劳损，也有许多老年人通过瑜伽活动后慢慢地改变腰肌劳损的情况；人的骨骼随着年纪的增加而呈现衰老的状态，缺乏更多的肌肉张力和弹性，后弯幅度过大会影响老年人的腰部控制力，特别是脊柱的结构会发生变化，失去正常的姿态，导致腰椎退形性病变，出现不可逆的损伤，也可能与瑜伽运动的流派体系、运动时间和运动方式有一定的关系[1]。如流瑜伽和阿斯汤加瑜伽不适合老年人练习，速度快、力量强，因此，老年人锻炼后会出现疲劳堆积，头晕迷昏，呼吸不顺畅，必须在活动后做出适当的放松处理，尤其是进行瑜伽冥想。由于瑜伽体式的精确、标准，因此要求老年人都要有教师的指导跟随和辅助工具，有必要选择一套完整动作相对简单、体位和呼吸的串联更具有科学性、适合老年人康复理疗的瑜伽套路去练习。

经常进行体育锻炼的老年人在练习过程中也需要循序渐进，需要根据自身情况进行合理的瑜伽运动；由于老年人骨骼、肌肉、关节等有一定的老化，功能大幅减弱，在进行中长时间（25~40分钟）的瑜伽运动时，也需把握间歇时间，适当进行缓解肌肉与关键压力，避免进一步的损伤。

---

[1] Dwyer TJ, Zainuldin R, Daviskas E, et al. Effects of treadmill exercise versus flutter on respiratory flow and sputum properties in adults with cystic fibrosis: a randomised, controlled, cross-over trial [J]. BMC Pulm Med, 2017, 17 (1): 14-22.

第七章
健康中国背景下体育锻炼与积极老龄化实证研究

第一节 老年人体育锻炼、积极老龄化现状及相关关系

2019年11月,随着《国家积极应对人口老龄化中长期规划》的发布,应对老龄化上升为国家战略。规划指出:老龄化问题是社会发展的重要趋势,将是今后较长一段时期我国的基本国情[1]。2016年健康中国上升为国家战略,提出要全方位、全生命周期保障全民健康,突出解决老年人、残疾人、妇女儿童、低收入人群等重点人群的健康问题。由此可见,关注老年人健康问题是实现两个国家战略的重点所在。

体育锻炼作为一种增进健康的有效方式,对积极老龄化和健康中国发挥着积极的作用,正是基于此,全民健身也上升为国家战略。相关研究表明,体育锻炼是保证身心健康的重要手段,能够减少身体疾病和心

---

[1]《国家积极应对人口老龄化中长期规划》应对老龄化上升为国家战略[EB/OL]. http://www.gov.cn/zhengce/2019-11/23/content_5454778.htm.

理疾病的发病率[1]。体育锻炼还可以帮助人们缓解疲劳、调节情绪、降低焦虑、减轻压力、预防各种疾病和提高幸福感等。体育锻炼能够使老年人的身心状态得到调节，改善老年人生活质量，还能够适度地降低家庭与社会的压力[2]。体育锻炼可以预防肥胖、心血管疾病，改善平衡功能，给人们带来积极的情绪体验，在锻炼过程中，结交新朋友扩大人际关系网，提升生存质量[3]。同时，体育锻炼还可以改善老年人的认知功能，提高记忆能力[4]。体育锻炼能够增强老年人的自我概念和自我意识，老年人通过新颖的体育活动保持生命的活力，在推动老年人体育发展的同时，老年人的社会适应能力也得到增强[5]。有研究证实，参与体育锻炼的老年人比不参加体育锻炼的老年人的骨密度和身体素质都要好[6]，参加体育锻炼能增强老年人的体质健康状况[7]。老年人参加太极拳锻炼可以改善消极心理，促进心理健康[8]。老年人参加体育锻炼可以发挥自身的主体作用，使其老有所为[9]，实现自身价值，幸福地度过晚年生活[10]。杜鹏等人研究发现，老年人积极参加体育锻炼，保持积极心态会促进积

---

[1] Huxley RR, Misialek JR, et al.Physical Activity, Obesity, Weight Change, and Risk of Atrial Fibrillation: The Atherosclerosis Risk in Communities Study [J]. Circulation: Arrhythmia and Electrophysiology, 2014, 7 (4): 620-625.

[2] 常佳，莎莎，李爱娇，等.体育锻炼对老年人心理健康的影响 [J]. 中国老年学杂志，2018, 38 (5): 144-146.

[3] 斯奈德，洛佩斯.积极心理学：探索人类优势的科学与实践 [M]. 王彦，席居哲，王艳梅，译. 北京：人民邮电出版社，2013：111.

[4] Rowe JW, Kahn RL. Successful aging [M]. New York: Pantheon Book, 1998.

[5] 袁晚露.老龄化背景下我国体育养老服务的研究 [D].武汉：武汉科技大学，2018.

[6] 刘晓蒨.体育锻炼对河南省中老年人体质及骨健康的影响 [D].武汉：武汉体育学院，2008.

[7] 苏丹宁.太极拳锻炼对中老年人心境状态及情绪调节策略的影响研究 [J].西安体育学院学报，2017.

[8] 杨静.体育锻炼对老年人身心健康影响的研究 [D].西安：西安体育学院，2014.

[9] 刑学亮，汪莹.老年人心理问题与社区老年心理服务 [J]. 宁波大学学报：教育科学版，2008（1）：60-63.

[10] 睢小琴，赵宝椿，李田，等.发展我国老年体育的意义与对策 [J]. 北京体育大学学报，2006, 29 (11): 1475-1476.

极老龄化的实现[1]。但相关研究更多是从疾病改善与预防的视角,更多是从健康的一个维度入手,从积极健康的视角进行整合性、应对性的研究相对缺乏。基于此,本研究在健康中国、应对老龄化和全民健身三大国家战略背景下,以体育锻炼为积极应对方式,以生活调适、心理健康和社会互动三维积极健康观为积极老龄化评价标准,深入探析老年人体育锻炼状况,以及不同锻炼量、锻炼时间、锻炼频次、锻炼强度与积极老龄化的关系,研究结果将进一步丰富老年健康学、锻炼心理学领域,为积极应对老龄化、老年健康、老年体育等提供数据参考支撑。

一、研究对象与方法

(一)调查对象

本研究主要选取河南省某市公园、社区、体育活动和健身活动场所等地点,以参加体育锻炼的老年人为调查对象进行问卷调查,共发放500份问卷,回收有效问卷451份,有效回收率为90.2%。其中男性218人,女性233人,老年人年龄主要分布在55~85之间,平均年龄65.18岁。

(二)研究方法

1. 文献资料法

通过知网、万方、维普等数据库资源,对大量相关文献资料进行参考,了解了体育锻炼与老年人积极老龄化的相关知识,作为本研究的理论基础和

---

[1] 杜鹏,加里·安德鲁斯. 人口老龄化世纪的全球行动 [J]. 人口与计划生育,2003,27(3):4-11.

依据。在此基础上，分析研究了国内外老年人体育锻炼与积极老龄化的研究成果，并结合问卷中老年人体育锻炼的具体情况，确定了本文的研究重点。

2. 问卷调查法

（1）体育活动等级量表

本研究采用武汉体育学院学者梁德清[1]1994年修订的体育活动等级量表（PARS-3），该量表共有三个条目，分别为体育锻炼的强度、时间和频率，体育活动量=强度×时间×频率，每个指标分为5个等级，其中锻炼强度与锻炼频率从1~5等级分别记1~5分，锻炼时间从1~5等级记0~4分，总分为0~100分，参与体育活动等级评定标准：低于19分为小强度，中等强度20~42分，大强度为≥43分。

（2）积极老龄化量表

本研究采用詹明娟[2]编制的积极老龄化量表，该量表包括心理健康、生活调适和社会互动三个维度，共24个条目。根据研究需要对其进行修改，删除3道题目，剩余21道。采用李克特5点计分法，其中"非常同意"计5分，"同意"计4分，"无意见"计3分，"不同意"计2分，"非常不同意"计1分，得分越高表示他们的积极老龄化程度越高。本研究中该量表的Cronbath α 值为0.834。

三、数理统计法

本研究采用SPSS 21.0进行数据整理与分析，利用SPSS对各研究变量

---

[1] 梁德清.高校学生应激水平及其与体育锻炼的关系[J].中国心理卫生杂志，1994（1）：5-6.

[2] 詹明娟.中高龄学习者休闲态度与活跃老龄化之关系研究[D].广州：暨南国际大学成人与继续教育研究所，2010.

进行描述性统计、相关分析和回归分析等来检验数据,从而得到更加科学有效的研究结果。

二、老年人体育锻炼的总体状况及个体差异

(一)参与锻炼老年人积极老龄化的总体状况

表7-1结果显示,参与锻炼老年人积极老龄化总平均分为3.84,依据五级评分方式可知,该得分处于"无意见"与"同意"之间,说明参与锻炼老年人的积极老龄化程度相对较高。从积极老龄化三个维度的平均分来看,得分也相对较高,处于"无意见"与"同意"之间,其中,生活调适得分最高,心理健康次之,社会互动最低;从标准差来看,社会互动维度存在的个体差异最大,心理健康次之,生活调适最低。

表7-1 参与锻炼老年人积极老龄化及各因子的平均得分状况

积极老龄化因子	平均值	标准差	理论中值
心理健康	3.84	0.49	3
生活调适	3.97	0.48	3
社会互动	3.64	0.72	3
总平均分	3.84	0.45	3

注:该量表采用5级评分方式,非常不同意为"1",不同意为"2",无意见为"3",同意为"4",非常同意为"5",中数为"3"。

(二)参与体育锻炼老年人的人口统计学特征

为分析老年人体育锻炼的人口统计学差异,以性别为分组变量对老年人体育锻炼各因子进行独立样本T检验,然后又分别以年龄、教育程度、锻炼年限为因子对体育锻炼各因子进行单因子方差分析,结果见表7-2。

表7-2 老年人体育锻炼个体差异

人口统计学变量		锻炼强度	锻炼时间	锻炼次数	锻炼总分
性别	男（n=218）	1.92 ± 1.01	3.83 ± 1.06	4.04 ± 0.88	24.25 ± 18.53
	女（n=233）	1.82 ± 1.00	3.94 ± 0.99	4.19 ± 0.93	24.09 ± 18.33
	T	1.079	−1.131	−1.773	0.093
年龄	55~65岁（n=263）	1.89 ± 1.25	4.19 ± 1.03	4.63 ± 0.74	27.96 ± 19.95
	66~75岁（n=163）	1.88 ± 1.02	4.00 ± 0.99	4.18 ± 0.89	26.26 ± 20.28
	76~85岁（n=27）	1.86 ± 0.97	3.79 ± 1.04	4.02 ± 0.91	22.49 ± 16.85
	F	0.028	3.258*	6.238**	2.718
教育程度	小学及以下（n=102）	1.69 ± 0.90	3.73 ± 1.09	4.03 ± 0.85	21.41 ± 17.06
	初中（n=122）	1.79 ± 0.91	3.79 ± 1.09	4.08 ± 0.96	21.65 ± 16.73
	高中/中专（n=147）	1.93 ± 1.07	3.93 ± 0.91	4.10 ± 0.90	24.65 ± 19.24
	大专/大学及以上（n=80）	2.06 ± 0.91	4.13 ± 0.95	4.20 ± 0.89	28.64 ± 19.43
	F	1.239	3.216*	2.924*	3.456*
锻炼年限	3年以下（n=77）	1.77 ± 1.00	3.65 ± 1.17	3.99 ± 0.89	20.93 ± 16.59
	3~7年（n=183）	1.86 ± 0.96	3.77 ± 0.97	4.09 ± 0.95	23.67 ± 20.17
	7年以上（n=191）	1.97 ± 1.08	4.10 ± 0.98	4.25 ± 0.91	27.46 ± 18.85
	F	2.029	7.769***	3.802*	6.049**

注：*表示$p<0.05$；**表示$p<0.01$；***表示$p<0.001$。

由表7-2可知，老年人体育锻炼在性别间不存在显著差异，且在锻炼时间、锻炼次数上，老年女性得分高于男性。有研究认为，过去男性老年人参与体育活动积极性远远大于女性，一些女性忙于家务和农田事宜，很少或没有接触过任何形式的体育活动，而近年来随着老年女性退休后闲暇时间增多，她们主动参与体育锻炼[1]。一定程度上，女性老年人比男性老年人参与体育锻炼的积极性更高。

---

[1] 孙晓宇，张云策，刘维伟，等.健康素养水平与老年人运动锻炼行为的关系研究[J].现代预防医学，2017（22）：4143-4146，4155.

不同年龄段老年人在锻炼时间、锻炼次数因子上存在显著差异,从分值上看,55~65岁年龄段的老年人得分最高,总体呈现出随着年龄增长,得分逐渐下降的趋势,这主要是由于人们的身体素质会随着年龄的增长而逐渐下降,所以,随着年龄的增长老年人的体育参与率会呈下降趋势。

不同教育程度老年人在锻炼时间、锻炼次数、锻炼总分因子上存在显著性差异,在分值上,不同因子分值存在差异,教育程度较高,得分会相对高一些。有研究指出,受教育程度相对较低的老年人,健康意识不足,从而会影响老年人参加体育锻炼的积极性[1]。同时,可看出初中及以上学历的老年人所占比例相对较大,文化程度较高的老年人对体育锻炼的重视程度相对较高,体育参与度也较低学历的高。

不同锻炼年限老年人在锻炼时间、锻炼次数、锻炼总分因子上存在显著性差异,从得分上看,锻炼年限在7年以上的得分最高;其他几个因子及总分也是锻炼年限在7年以上的得分最高。

(三)参与体育锻炼老年人的锻炼强度

不同的锻炼群体参与体育锻炼的强度不同,老年人是社会的弱势群体,身体素质和健康状况备受社会的关注。由于身体状况的原因,老年人不能从事剧烈的体育运动,从图7-1我们可以看出,老年人参与体育锻炼以中小强度的锻炼为主,较少从事大强度运动。体育锻炼不仅具有强身健体的作用,而且能够使个体产生良好的情绪状态,提高生活满意度和幸福感。伯杰(Berger)[2]等人在一项关于不同锻炼强度对参与者心境状态影响的研究中指出,在小强度组运动中,参与者心境积极症状分

---

[1] 李捷,王凯珍.京津冀地区城市老年居民体育锻炼参与现状研究[J].首都体育学院学报,2018(3):226-231.

[2] Berger B G, Owen D R.Relation of low and moderate intensity exercise with acute mood change in college joggers [J]. Percept Mot Skills, 1998, 87(2):611-21.

值增高，消极状分值降低。高悦利[1]对上海市老年人体育锻炼与主观幸福感的关系进行研究，发现不同锻炼量对主观幸福感的影响差异显著，随着锻炼量的增加，老年人参加体育锻炼主观幸福感各维度得分均值也随之增加，但就老年人的生理特点来看，不宜进行持久的大强度运动。

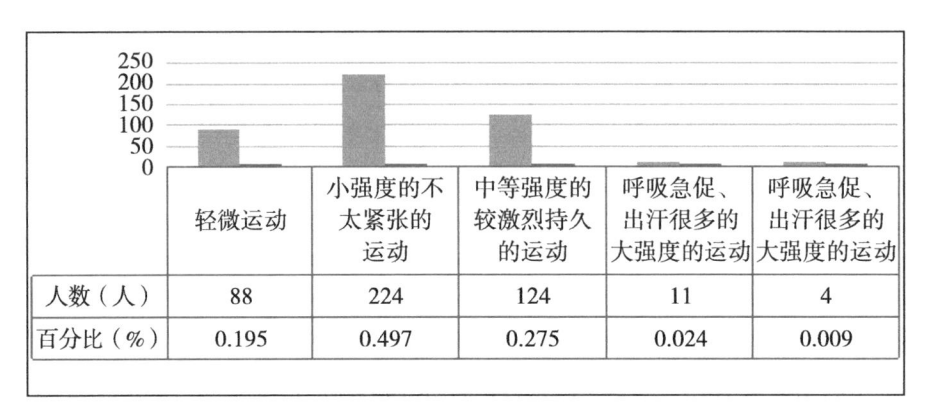

	轻微运动	小强度的不太紧张的运动	中等强度的较激烈持久的运动	呼吸急促、出汗很多的大强度的运动	呼吸急促、出汗很多的大强度的运动
人数（人）	88	224	124	11	4
百分比（%）	0.195	0.497	0.275	0.024	0.009

图7-1 老年人参与体育锻炼的强度

（四）参与体育锻炼老年人的锻炼时间

老年人的身心健康状况是否良好，一定程度上受锻炼时间的影响。有研究表明，锻炼时间、频率、持续周数等都是影响体育锻炼效果的重要因素[2]。斯特普托（Steptoe）等[3]研究每次活动时间与心理效应之间的关系指出，每次锻炼的持续时间在20~30分钟效果最为理想。墨菲（Murphy）[4]等人研究也指出，每次锻炼持续时间过长不会产生良好的

---

[1] 高悦利.上海市老年人体育锻炼与主观幸福感的关系研究[D].上海：上海师范大学，2010.

[2] 田麦久.运动训练学[M].北京：高等教育出版社，2006.

[3] Steptoe A.The short-term influence of high and low intensity physical exercise on mood[J]. Psychology and Health, 1988（2）: 91-106.

[4] Murphy S M, Flech S J, Dudley G. Psychological and performance concomitants of increased volume training in elite athletes[J]. Journal of Applied Sport Psychology, 1990（2）: 39-50.

心理效果。高亮[1]等人的一项关于参与健身气功锻炼的老年人心理效益研究表明，每次持续30～60分钟的锻炼效果较好。王学敏[2]对参与太极拳锻炼的老年人进行研究，也证明并不是锻炼时间越长越好，以半个小时到一小时之间效果最佳。本研究与前人研究一致，老年人参与体育锻炼的时间以21～30分钟、31～59分钟时间段的人数最多（图7-2），当然，为提高老年人的满意度和幸福感，减少倦怠和疲劳，应该合理安排自己的锻炼时间，充分发挥体育锻炼的最佳作用。

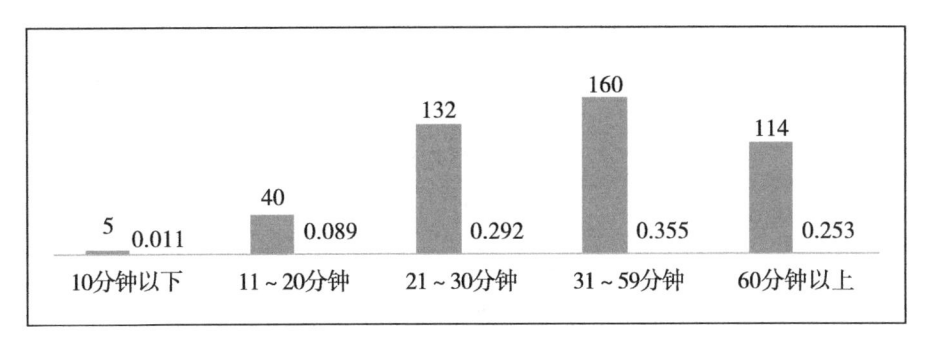

时间段	人数	比例
10分钟以下	5	0.011
11～20分钟	40	0.089
21～30分钟	132	0.292
31～59分钟	160	0.355
60分钟以上	114	0.253

图7-2　老年人参与体育锻炼的时间

（五）参与体育锻炼老年人的锻炼次数

图7-3显示，从锻炼次数来看，老年人参与体育锻炼的频率较为集中，说明老年人的体育锻炼参与度相对较高，然而，并没有表现出频数越高，参与人数越多，相应的以每周3～5次频度的参与人数最多，效果最好。有研究显示，老年人参与体育锻炼，每周3次是临界值，达到3次以上便能够产生良好的锻炼效果，增强身体素质和能力。经实验认为，

---

[1] 高亮, 薛欣. 老年人参与健身气功锻炼的心理效益研究[J]. 西安体育学院学报, 2013, 30（4）: 466-471.

[2] 王学敏. 老年人参与太极拳锻炼的心理效益研究[J]. 广州体育学院学报, 2016, 36（5）: 108-111.

每周3~4次对老年人来说是较为合适的频度。有研究显示，老年人每周参加3~4次健身气功锻炼健心效果较好。随着老年人对健康的重视程度逐步提升，越来越多的人把闲暇时间用来锻炼身体，增进体质和心理健康。老年人应根据自身的实际状况，选择合适的锻炼次数，通过体育锻炼充分享受运动的乐趣，感受生活的意义。

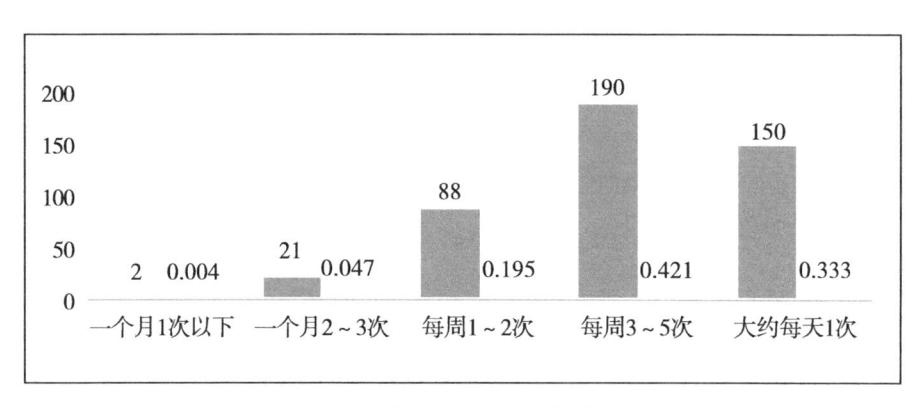

图7-3 老年人参与体育锻炼的次数

（六）参与体育锻炼老年人的组织方式

图7-4显示，郑州市老年人参加体育锻炼的组织方式多为自发组织和家庭组织，所占比例分别为43%、35%，而独自锻炼的人数相对较少，仅占18.4%，经专门指导中心培训的更是甚少，只有3.6%。可见，老年人比较喜欢群体性活动，能从热闹的活动氛围中忘却孤独和压力，感受生活的欢乐和美好。有研究显示，从身体吸引力、身体自尊和积极幸福感得分上看，"社团组织"和"与朋友一起"的形式都明显高于"单独锻炼"，比较"社团组织"和"与朋友一起"两种形式，结果显示，采用"与朋友一起"锻炼形式的心理效益明显优于"社团组织"的锻炼形式。就老年人体育锻炼来说，采用"与朋友一起"或家人陪伴的方式，能让他们感受到温暖与关注，提高他们参与体育锻炼的积极性，为老年人心理健康带来良好效益，促进积极老龄化的实现。

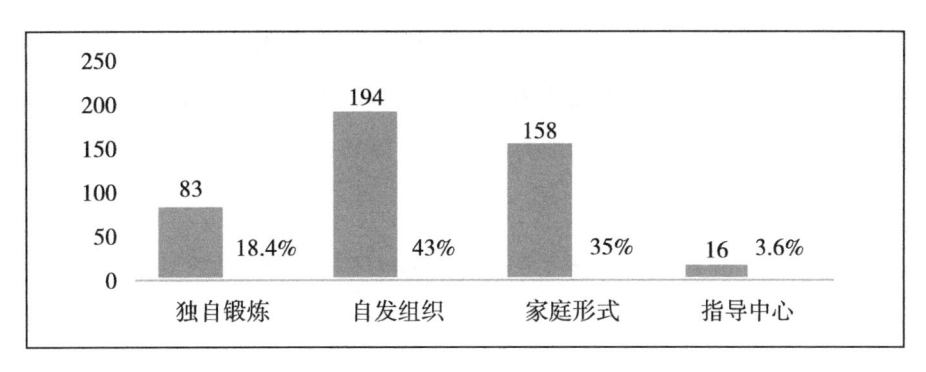

图7-4 郑州市老年人参与体育锻炼的组织方式

三、体育锻炼与积极老龄化的相关关系

（一）体育锻炼与积极老龄化的相关性分析

利用SPSS 21.0对数据进行相关分析，各变量间的相关系数分析如表7-3所示。结果显示，除锻炼强度外，各变量间存在相关关系。锻炼时间、锻炼次数、运动量与积极老龄化总分及三个维度存在显著正相关关系（$p<0.01$）。除锻炼强度外，锻炼时间、锻炼次数、运动量与积极老龄化的相关系数分别为0.281、0.196、0.162，说明三者对积极老龄化的影响力分别为：锻炼时间>锻炼次数>运动量。其中，锻炼时间与积极老龄化（$r=0.281$，$p<0.01$）呈显著相关关系，而且锻炼时间与积极老龄化的三个维度心理健康（$r=0.267$，$p<0.01$）、生活调适（$r=0.204$，$p<0.01$）、社会互动（$r=0.178$，$p<0.01$）存在显著正相关；锻炼次数与积极老龄化（$r=0.196$，$p<0.01$）呈显著相关关系，而且锻炼次数与积极老龄化的三个维度心理健康（$r=0.204$，$p<0.01$）、生活调适（$r=0.134$，$p<0.01$）、社会互动（$r=0.099$，$p<0.01$）存在显著正相关；运动量与积极老龄化（$r=0.162$，$p<0.01$）呈显著相关关系，而且运动量与积极老龄化的三个维度心理健康（$r=0.147$，$p<0.01$）、生活调适（$r=0.156$，

$p<0.01$）、社会互动（$r=0.133$，$p<0.01$）存在显著正相关。由此可知，体育锻炼能够显著正向预测积极老龄化，通过体育锻炼，老年人的心理健康、生活调适、社会互动能力都能得到提高，所以，锻炼是促进老年人积极老龄化的有效方式。

表7-3　体育锻炼与积极老龄化总分及各维度的相关关系（$n=451$）

因子名称	心理健康 （$M\pm SD$）	生活调适 （$M\pm SD$）	社会互动 （$M\pm SD$）	积极老龄化总分 （$M\pm SD$）
锻炼强度	0.016	0.160**	0.060	0.072
锻炼时间	0.267**	0.204**	0.178**	0.281**
锻炼次数	0.204**	0.134**	0.099**	0.196**
运动量	0.147**	0.156**	0.133**	0.162**

注：**表示$p<0.01$；*表示$p<0.05$。

（二）不同锻炼量积极老龄化的差异性分析

1. 不同锻炼强度积极老龄化的差异性分析

表7-4显示，老年人生活调适在不同锻炼强度上存在显著差异（$p<0.05$），而心理健康、社会互动和积极老龄化总分在不同锻炼强度上却并没有存在显著差异。可见，并非是锻炼强度越高，老年人的积极老龄化程度就越好，本研究结果显示，不同锻炼强度与积极老龄化的相关度较低，与表7-2的相关性分析一致。

表7-4　不同锻炼强度积极老龄化的差异性分析（$n=451$）

	N	心理健康 （$M\pm SD$）	生活调适 （$M\pm SD$）	社会互动 （$M\pm SD$）	积极老龄化总分 （$M\pm SD$）
轻微运动	88	3.92 ± 0.62	3.94 ± 0.45	3.62 ± 0.79	80.89 ± 8.57
小强度	224	3.84 ± 0.59	4.19 ± 0.47	3.88 ± 0.75	82.36 ± 9.63
中等强度	124	3.88 ± 0.57	4.07 ± 0.43	3.69 ± 0.65	81.65 ± 8.49
大强度不持久	11	3.78 ± 0.46	4.00 ± 0.49	3.61 ± 0.73	80.50 ± 9.71

（续表）

	N	心理健康 （$M \pm SD$）	生活调适 （$M \pm SD$）	社会互动 （$M \pm SD$）	积极老龄化总分 （$M \pm SD$）
大强度持久	4	3.84 ± 0.53	3.90 ± 0.50	3.56 ± 0.42	80.09 ± 10.26
F		0.368	3.196*	0.559	0.637

注：*表示$p<0.05$；**表示$p<0.01$；***表示$p<0.001$

2. 不同锻炼时间积极老龄化的差异性分析

表7-5显示，积极老龄化总分及各维度在不同锻炼时间上存在显著差异（$p<0.01$），其中积极老龄化总分和心理健康维度差异性最显著（$p<0.001$）。在积极老龄化总分及其各维度得分上，锻炼时间段在31~59分钟得分最高，锻炼时间段10分钟以下的得分最低。因此，锻炼时间与积极老龄化的相关度较高，积极参与体育锻炼的老年人能够充分享受运动带来的乐趣，日常生活中应多鼓励老年人参与体育运动，锻炼的过程中，不仅能增强身体素质，而且能提高心理健康水平，有助于促进积极老龄化的实现。

表7-5 不同锻炼时间积极老龄化的差异性分析（$n=451$）

	N	心理健康 （$M \pm SD$）	生活调适 （$M \pm SD$）	社会互动 （$M \pm SD$）	积极老龄化总分 （$M \pm SD$）
10分钟以下	5	3.45 ± 0.39	3.80 ± 0.007	3.20 ± 0.44	73.60 ± 5.27
11~20分钟	40	3.64 ± 0.42	3.81 ± 0.52	3.48 ± 0.75	76.92 ± 8.89
21~30分钟	132	3.90 ± 0.58	3.99 ± 0.45	3.64 ± 0.74	81.22 ± 8.98
31~59分钟	160	4.04 ± 0.63	4.07 ± 0.46	3.79 ± 0.63	83.66 ± 8.55
60分钟以上	114	3.68 ± 0.51	3.85 ± 0.49	3.51 ± 0.78	77.71 ± 10.08
F		8.999***	5.081**	3.815**	9.926***

注：*表示$p<0.05$；**表示$p<0.01$；***表示$p<0.001$

3. 不同锻炼次数积极老龄化的差异性分析

表7-6显示，生活调适、社会互动在不同锻炼次数上存在显著性差异（$p<0.05$），心理健康、积极老龄化总分在不同锻炼次数上的差异更为显著（$p<0.001$），在积极老龄化总分与各维度得分方面，锻炼频数在每周3~5次范围的得分最高。因此，锻炼频次与积极老龄化也有较高的相关度，锻炼次数多的老年人，健康状况显著优于锻炼次数少的人，老年人应合理安排自己的时间，尽可能多的抽取时间进行锻炼。

表7-6 不同锻炼次数积极老龄化的差异性分析（$n=451$）

	N	心理健康 （$M\pm SD$）	生活调适 （$M\pm SD$）	社会互动 （$M\pm SD$）	积极老龄化总分 （$M\pm SD$）
一个月1次	2	3.72±0.89	3.25±1.06	3.25±1.06	73.50±20.50
一个月2~3次	21	3.64±0.69	3.81±0.78	3.80±0.89	78.19±14.97
每周1~2次	88	3.70±0.51	3.92±0.48	3.47±0.74	78.20±10.07
每周3~5次	190	3.98±0.55	4.03±0.45	3.73±0.66	82.57±7.83
大约每天1次	150	3.85±0.63	3.95±0.43	3.61±0.74	80.35±9.48
F		4.477**	2.677*	2.463*	4.226**

注：*表示$p<0.05$；**表示$p<0.01$；***表示$p<0.001$。

4. 不同运动量积极老龄化的差异性分析

表7-7显示，积极老龄化总分及心理健康、生活调适两个维度在运动量等级上存在显著差异（$p<0.01$），同时，在积极老龄化总分及心理健康、生活调适得分上，中等运动量得分最高，小运动量最低。可见，运动量等级与积极老龄化的相关度也相对较高，由于老年人随着年龄增长，体质会逐渐下降，不宜从事剧烈的、运动量大的活动，中小型运动量是老年人较为合适的运动量，老年人应多利用自己的闲暇时间来增强

自己的身体素质,虽然老化是不可避免的过程,但我们可以采取措施通过锻炼减缓或抑制这一过程,从而以更加积极的心态面对生活。

表7-7 不同运动量积极老龄化的差异性分析(n=451)

	N	心理健康 ($M \pm SD$)	生活调适 ($M \pm SD$)	社会互动 ($M \pm SD$)	积极老龄化总分 ($M \pm SD$)
小运动量	254	3.78 ± 0.54	3.90 ± 0.49	3.58 ± 0.75	79.42 ± 10.19
中等运动量	124	4.01 ± 0.54	4.05 ± 0.48	3.69 ± 0.75	82.71 ± 8.89
大运动量	73	3.91 ± 0.59	4.05 ± 0.40	3.77 ± 0.52	81.95 ± 6.59
F		6.682**	5.497**	2.442	5.919**

注:*表示p<0.05;**表示p<0.01;***表示p<0.001。

5. 体育锻炼对积极老龄化的回归分析

依据表7-3的相关性分析,以积极老龄化总分为因变量,以锻炼强度、锻炼时间、锻炼次数及运动量为自变量进行回归分析,结果如表7-8所示。结果显示,锻炼时间、锻炼次数和运动量都能正向预测积极老龄化,其中,锻炼时间能显著正向预测积极老龄化(β=2.589,t=6.203,p<0.001);锻炼次数对积极老龄化(β=2.061,t=4.240,p<0.001)的预测力也显著;运动量也能较为显著的正向预测积极老龄化(β=0.083,t=3.487,p<0.01);但锻炼强度并不能显著预测积极老龄化。所以,除体育锻炼强度外,体育锻炼相关因素如锻炼时间、锻炼次数和运动量都能显著正向预测积极老龄化,可见,体育锻炼对积极老龄化有重要影响,这与以往研究者的研究一致。在体育锻炼的过程中,老年人自身是活动的主体,身体和思维都处于相互配合的状态,长时间参与体育锻炼能够促进人格的发展。体育锻炼具有抗抑郁、降低紧张焦虑等不良情绪的作用,可以产生良好的心理功效。体育锻炼是促进老年人健康的重要途径,老年人参与体育锻炼有利于提升积极老龄化程度。

表7-8　体育锻炼对积极老龄化及其维度的回归分析（n=451）

预测变量	结果变量	拟合指数 R2	F	回归系数显著性 β	t
锻炼强度				0.502	1.012
锻炼时间	积极老龄化总分	0.088	10.702	2.589	6.203***
锻炼次数				2.061	4.240***
运动量				0.083	3.487**

注：*表示$p<0.05$；**表示$p<0.01$；***表示$p<0.001$。

四、讨论分析

（一）引导树立健康的体育观，提高体育锻炼的积极性

本研究发现，教育程度是影响老年人体育参与度的重要因素，不同教育程度老年人在锻炼时间、锻炼次数、锻炼总分上存在显著性差异（$p<0.05$），参与体育锻炼的老年人教育程度在初中及以上的人数所占比例较大，且得分相对小学及以下教育程度的人高一些。也就是说文化程度高的老年人相对文化程度较低的人，更能清楚地认识到健康的重要性，因此，这部分人的体育锻炼参与度和锻炼次数更高，他们愿意参与到体育运动中来，享受运动带来的乐趣。这也间接说明健康观念影响着老年人的体育参与，因此，政府各级部门应该引导老年人树立健康的体育观，提高其参与体育锻炼的积极性。随着年龄的增长，老年人的体力下降，精神状态和智力活动也会受到一定程度的影响，心理健康也是我们不容忽视的。老化是每个人都会经历的过程，或许我们不能阻止，但是我们可以通过一些途径或方式来抑制和减缓这一进程。此时，让老年人充分认识到体育锻炼降低抑郁、紧张、焦虑等不良情绪，提高认知能力，减缓认知功能衰退，提升人际交往水平、幸福感和身体自尊等功

效，树立"健康第一"的观念，加入全民健身的行列，提高自己的身心健康水平，积极参与到体育锻炼当中去，为加快实现积极老龄化和健康中国贡献一份力量。"活到老，学到老"，老年人在加强自身锻炼的同时，也应该学习体育锻炼的相关知识，做到理论和实践相结合，根据自己的身体状况安排锻炼行为，使锻炼更加合理化和科学化[1]。

（二）加大对体育锻炼的宣传力度，强化老年人的参与意识

政府和各社会组织应贯彻落实全民健身策略，深入开展宣传教育活动，积极倡导健康的生活方式，不断强化老年人的参与意识。在锻炼的过程中，不仅能增强身体素质，而且能够有效地促进老年人的生活和谐度，提升人际交往水平、扩大交往空间。老年人比较喜欢集体活动，社区和街道应进一步加大宣传力度，向老年人普及一些健康知识，提高他们对健康的理解，促进老年人体育锻炼的参与程度。电视和网络媒体内容丰富、形式多样，很受人们欢迎，老年人也不例外，所以应当借助媒体和网络平台为老年人提供良好的锻炼氛围，以满足不同老年人的需求，让更多人参与到体育锻炼当中来[2]。政府及相关体育部门可以向老年人普及体育知识，邀请专家到现场讲座，向大家介绍体育锻炼的重要作用，对不同文化程度的人进行针对性的引导和宣传，尤其是农村老年人群。体育锻炼能有效释放压力，提高心理健康水平，通过宣传能够加深老年人对健康的重视程度，转变以往老年人消极、被动的观念，进而以更加积极的态度对待生活和事物，主动捍卫自己的权益，使其积极参与到体育锻炼中去，促进积极老龄化的早日实现。

---

[1] 邵月. 老年人体育锻炼的科学指导和运动处方制定[J]. 中国老年学杂志，2012，32（23）：5341-5343.

[2] 李楪，邓陈亮. 中老年人体育锻炼与体育锻炼风险——以风险认知为视角[J]. 中国老年学杂志，2013，33（22）：5676-5678.

（三）完善体育活动场地，提高器材设施利用率

体育场地、体育器材、体育设施、组织与指导人员在内的社会资源对老年人参与体育锻炼的影响更为直观。政府应该加大对老年人体育锻炼的关注程度，多深入实际考察，根据现状掌握各地区老年人体育锻炼行为的特点，加大资金投入力度，有针对性的投放设施，如根据不同地区的需求，相应的增建体育场地，增加器材设施，对有限的场地合理规划，以便多样化使用，使更多老年人参与。此外，考虑到未来的发展，可以将硬件建设与软件建设相结合，以创新开放与利用的方式，提高器材的利用率。为促进体育事业发展，政府应增加公共体育服务支出，打破传统仅关注老年人的医疗卫生和社会保障等问题，将注意力更多的转向老年人体育锻炼方面，培训专业的体育指导员，给予老年人科学的指导，有效促进老年人体育锻炼，在丰富老年人精神生活的同时，提升了公共体育的服务水平，为积极老龄化的实现提供了硬件设施支持。

（四）积极开展健康教育活动，关注老年人的心理问题

随着年龄的增长，老年人所承受的心理压力会逐渐增大，面对生死显得渺小无力，在紧张、焦虑、压抑的背后更是害怕和恐惧。然而，不仅如此，他们还会有来自家庭、社会和子女不在身边的压力，于是，孤独感、失落感随之而来，如何改善老年人的心理健康状况，提升积极老龄化水平是亟待解决的问题。为了更好地关心、爱护老年人的心理健康发展，政府和社会应高度重视老年人的身体素质和心理健康水平，倡导合理、科学、健康、有效的锻炼理念和方法，积极开展多样的健康教育活动，提高老年人的认识。利用现代发达的互联网等信息技术，开展"互联网+老年健康服务"，设立心理健康咨询、心理辅导室，定期组织相关教育活动，了解老年人生理和心理方面的困惑，为他们解决心理障

碍和难题，引导他们积极参与体育锻炼，切实实现体育锻炼对积极老龄化的良好促进作用。通过开展健康教育活动，及时了解老年人的健康状况，科学指导老年人参加体育锻炼，为进一步开展体育活动打下坚实的基础。体育锻炼帮助老年人调整情绪，缓解心中的压抑与苦闷，以积极的心态面对生活，使其在活动中体会"老有所用"，感受老年的社会价值。

（五）研究结论

（1）老年人体育锻炼参与情况会受年龄、性别、教育程度和锻炼年限的影响，应重点关注男性、大龄和高学历人群。在体育锻炼强度、时间、次数和组织方式上老年人参与度也不同，中小强度、31～59分钟、每周3～5次、自发组织的参与度最高。

（2）参与锻炼老年人积极老龄化处于中等偏高程度，生活调适得分最高，心理健康次之，社会互动最低。

（3）体育锻炼中除锻炼强度外，锻炼时间、锻炼次数和运动量与积极老龄化总分和各个维度均呈显著性正相关。

（4）不同锻炼量之间的积极老龄化存在显著性差异，中等强度、31～59分钟、每周3～5次、中等运动量的积极老龄化得分最高。

（5）锻炼时间、锻炼次数和运动量能显著正向预测积极老龄化，锻炼强度不是预测老龄化的指标。因此老年人锻炼应重在锻炼时间和锻炼次数。

第二节 基于中介变量探索的体育锻炼对积极老龄化的影响

人口老龄化问题已成为贯穿我国21世纪的重要国情，积极应对老龄化已上升为国家战略[1],强调"要打造高质量健康服务体系,推进全民健康生活方式行动,建设城镇社区15分钟健身圈"。同时"健康中国"国家战略强调要全方位、全周期保障人民健康,突出解决好老年人等重点人群的健康问题[2]。"体育强国"国家战略强调促进青少年、老年人等重点人群体育活动开展,显著改善健康公平。这三大国家战略的共同之处和重中之重就是从体育视角关注老年人健康问题。体育锻炼作为促进健康最便捷、经济、有效的方式,对积极老龄化的影响已成为研究热点。但相关研究多集中于理论层面探讨,实证研究多集中于身心疾病指标和某个积极心理指标的探索,把积极老龄化作为一个整体指标进行的实证研究相对缺乏。基于此,有必要深入探讨体育锻炼影响积极老龄化的作用机制,这将对于积极应对老龄化、建设体育强国、实施健康中国战略具有重要意义。

一、研究理论背景与研究假设

(一)体育锻炼与积极老龄化的关系

积极老龄化理论模型认为:积极老龄化是指人到老年时,为使健康、参与、保障发挥到最大效益,不断提高健康寿命和生活质量。其中健康、参与、保障是积极老龄化的三个重要领域[3]。基于此模型,体育锻炼对积极老龄化的影响需要从健康、参与、保障三个层面进行论证探讨。

---

[1]《国家积极应对人口老龄化中长期规划》应对老龄化上升为国家战略[EB/OL]. http://www.gov.cn/zhengce/2019-11/23/content_5454778.htm.

[2] 中国政府网《"健康中国2030"规划纲要》[EB/OL]. http://www.gov.cn/zhengce/2016-10/25/content_5124174.htm.

[3] 张慧颖,张艳,郭思瑾,等.河南省农村地区老年人积极老龄化水平及影响因素[J].中国老年学杂志,2019,39(04):962-965.

第七章 健康中国背景下体育锻炼与积极老龄化实证研究

"健康"是实现积极老龄化的前提和基础。根据健康需求模型：健康被视为一种人力资本，是"消费品"和"投资品"的结合体，只有为"健康"投资——体育锻炼，才会有"消费"的资本[1]。健康投入、健康状况是影响积极老龄化的重要因素，即老年人身体功能和生活自理能力越好，积极老龄化程度就越高[2]。健康这一多维变量包括身体健康、心理健康和社会健康。而体育锻炼恰恰能够提高老年人的健康水平，长期体育锻炼的积极效益更为明显[3][4]。实证研究显示，参与一定周期的柔力球、健身气功·五禽戏等体育运动，能够增强老年人的体质，缓解紧张、焦虑、抑郁等心理压力[5]，保持健康的身心状况[6][7]。

"参与"是积极老龄化的核心要义[8]，老年人参与社会是经济发展的需要，也是获得社会资本的重要途径，参与社会能够帮助老年人树立自我认同感，实现人生价值[9]。体育锻炼作为一种最常见的社会参与形式，是动态、连续健康促进的过程，对积极老龄化的正向预测作用不言

---

[1] Grossman M. On the Concept of Health Capital and the Demand for Health [J]. Journal of Political Economy, 1972, 2: 223-255.

[2] 张怡馨, 吴思艳, 唐欣如, 等. 长沙市岳麓区415名社区老年人积极老龄化现状及影响因素分析 [J]. 护理学报, 2018, 25 (6): 33-36.

[3] Shephard, Roy J. Exercise and aging: Extending independence in older adults [J]. Geriatrics, 1993, 48 (5): 61-64.

[4] 安涛. 体育锻炼对老年人心理健康的影响 [J]. 中国老年学杂志, 2019, 39 (3): 588-591.

[5] 孙延林, 王志庆, 姚家新, 等. 体育锻炼与心理健康：认知、焦虑、抑郁和自我概念的研究进展 [J]. 生理科学进展, 2014, 45 (5): 337-342.

[6] 刘洋. 18周太极柔力球运动对老年人睡眠质量、心境状态及生活满意感的影响 [J]. 南京体育学院学报, 2015, 29 (3): 116-121.

[7] 崔永胜, 虞定海. "健身气功·五禽戏"锻炼对中老年女性身心健康的影响 [J]. 北京体育大学学报, 2004, 27 (11): 1504-1506.

[8] Bauman A. Updating the Evidence for Physical Activity: Summative Reviews of the Epidemiological Evidence, Prevalence, and Interventions to Promote "Active Aging" [J]. The Gerontologist, 2016, 56 (2): S268-S280.

[9] 胡宏伟, 李延宇, 张楚, 等. 社会活动参与、健康促进与失能预防——基于积极老龄化框架的实证分析 [J]. 中国人口科学, 2017 (4): 87-96, 128.

而喻[1]。实证研究表明，休闲和社会参与是影响积极老龄化的一个重要方面，休闲态度与积极老龄化呈正相关，即休闲态度能够正向预测积极老龄化[2]；参与休闲体育和社交活动于老年人而言是一种重要的社会支持机制[3]，通过体育社交建立稳定、积极的老年社会关系对积极老龄化有重要意义[4]。

"保障"是实现健康和参与的必要条件。在积极老龄化中重点强调身体和经济的保障。体育锻炼作为强身健体的活动方式，对老年人生理和心理能力、生活质量和生活满意度的积极作用已得到广泛证实[5][6]，体育是继续保持老年人工作能力、发挥余热、实现自身价值的主要保障行为[7]。

综上所述，体育锻炼对健康、参与、保障三个领域均会有正向促进作用。因此，本研究从积极应对老龄化视角出发，以体育锻炼为自变量，积极老龄化为因变量，探讨体育锻炼与积极老龄化的关系，并提出假设——体育锻炼能够正向预测积极老龄化（H1）。

---

[1] 高亮，王莉华.体育锻炼与老年人自评健康关系的调查研究[J].武汉体育学院学报，2015，49（8）：64-71.

[2] 贾红力，谢丽霞，段功香，等.衡阳市社区老年人积极老龄化现状及其影响因素的研究[J].护理学杂志，2015，30（1）：85-88.

[3] Hornby-Turner Y C. Health assets in older age: a systematic review [J]. Bmj Open, 2017, 7（5）: e013226.

[4] 王富百慧，黄映娇，李雅倩，等.朋友网络支持与老年人锻炼参与：社会适应的中介作用[J].中国体育科技，2020，56（9）：75-81.

[5] 常佳，莎莎，李爱娇，等.体育锻炼对老年人心理健康的影响[J].中国老年学杂志，2018，38（5）：144-146.

[6] 郑元男，元英信，曹星.休闲教育视角下休闲体育参加者的流畅感、满意度与幸福感研究[J].北京体育大学学报，2016，39（1）：102-111.

[7] 杨越."人口红利窗口期关闭阶段"的中国体育发展战略研究[J].体育科学，2011，31（1）：10-18.

（二）锻炼诱导情绪的中介作用

锻炼心理学研究的重要领域之一就是体育锻炼与心理健康关系，情绪在两者之间发挥着核心作用[1]。情绪状态是衡量参与者体育锻炼投入程度的重要指标，主要有积极情绪和消极情绪之分。积极情绪是心理健康的重要组成部分，也是积极心理学的研究重点。弗雷德里克森（Fredrickson）积极情绪"拓展—建构"理论认为，高兴、愉悦、满足等积极情绪可以扩展到个体即时的思想行为操作系统，建构和增强个体资源（身体、心理和社会资源），能给个体带来长期的适用性益处，这种积极体验是促使个体继续参与体育锻炼的动因[2]。个体在锻炼中或锻炼后的态度体验会影响其对当前体育锻炼行为的保持程度。良好的情绪状态会促使个体继续坚持锻炼行为，而消极的情绪则会使个体中断或退出当前体育活动。可见，情绪会影响个体的体育锻炼状况，因此对锻炼诱导情绪的研究也是至关重要的。

以往研究更多关注长时间体育锻炼后的情绪体验，随着研究者发现运动过程中感受到的情绪改变也会对参与者的心理健康产生积极影响，现在越来越多研究者开始关注个体在体育锻炼中和锻炼后的即时诱发的情绪效果，即锻炼诱导情绪[3]。依据锻炼心理学理论，体育锻炼在调控个体情绪水平方面具有积极作用[4]。实证研究也表明，体育锻炼能够

---

[1] 姜媛，张力为，毛志雄.体育锻炼情绪效益的影响因素[J].心理与行为研究，2015，13（3）：328-333.

[2] Fredrickson BL. The role of positive emotions in positive psychology: the broaden-and-build theory of positive emotions [J]. American Psychologist, 2001, 56（3）: 218-226.

[3] 陈坚，匡刚彦，夏明.《锻炼诱导情绪问卷》的检验[J].武汉体育学院学报，2007，4（7）：48-50.

[4] 李京诚.锻炼心理学[M].北京：高等教育出版社，2017.

调节抑郁[1]、焦虑[2]、孤独[3]等不良情绪。正如积极情绪"拓展—建构"理论中讲，体育锻炼可以影响个体的情绪体验，个体体验到的积极情绪反过来又会促使其积极参与体育锻炼，如此形成一个良性循环，有利于积极老龄化的实现[4]。由此可见，体育锻炼促进积极老龄化的过程中，锻炼诱导情绪在其中起到了关键作用，即只有在良好的锻炼情绪和心理状态下，个体才能产生积极的体验，进而主动投入到锻炼中去，增强体育锻炼的持久性和促进积极老龄化的实现。因此，本研究假设体育锻炼可能会通过锻炼诱导情绪的中介作用对积极老龄化产生间接影响（H2）。

（三）领悟社会支持的调节作用

社会支持的主效果模型认为，社会支持具有普遍的增益作用，表现为维持个体良好的情绪体验与身心状况，压力情境下增加社会支持会提高个体抵御压力的心理能力。证据显示，建立必要的社会支持系统是激发个体锻炼行为的前提[5]。领悟社会支持作为主观层面的社会支持，较实际的社会支持作用更明显[6]，主要指个体在社会中对受尊重、被支持、理解的情感体验和满意程度，是个体领悟到的来自外部的支持，与

---

[1] 方黎明，郭静. 体育锻炼促进了健康公平吗？——体育锻炼对中国城乡居民抑郁风险的影响[J]. 体育科学，2019，39（10）：65-74.

[2] 刘朝辉. 体育锻炼对大学生负性情绪的影响——自我效能感与心理韧性的中介和调节作用[J]. 体育学刊，2020，27（5）：102-108.

[3] 周喜华，符明秋，于志涛，等. 孤独与父母教养方式、体育参与的相关性研究[J]. 体育学刊，2004（2）：127-128.

[4] Fredrickson B L, Levenson R W. Positive Emotions Speed Recovery from the Cardiovascular Sequelae of Negative Emotions [J]. Cognition & Emotion, 1998, 12（2）: 191-220.

[5] 张力为，毛志雄. 运动心理学[M]. 上海：华东师范大学出版社，2003：55.

[6] Cohen, S, Will, TA. Stress, social support, and the buffering hypothesis [J]. Psychological Bulletin.1985, 98（2）: 310-357.

其情绪满意度密切相关[1]。具体包含来自家庭、朋友、社会的支持，这些都是影响个体情绪状态和积极老龄化的重要因素。实证研究表明，领悟社会支持能够正向预测体育锻炼行为[2]，即高领悟社会支持者在体育锻炼中更能感受运动的愉悦感和积极情绪体验[3]；而低领悟社会支持者在运动中较少感知到运动的乐趣和积极情绪，甚至产生不良情绪状态而中断体育参与[4]。因此，领悟社会支持可能会在体育锻炼和锻炼诱导情绪的关系中起调节作用（3a）。根据温忠麟和叶宝娟[5]的观点，当中介效应的前半部分或后半部分路径受到调节变量的调节时，中介效应也能够被调节，也就是说，当调节变量处于不同水平时，该中介效应会存在差异。在社会支持环境中，老年人会感受到外部力量对他们的关注，从而以更加积极的态度参与体育锻炼，使得应对老龄化显得更加积极主动[6]。此外，领悟社会支持作为预测心理健康程度的重要指标[7]，能够通过调节其他因素对身心的负面影响进而保持个体身心健康和促进其健康行为[8]。研究证实，社会支持对老年人生活满意度和心理健康有正向预测

---

[1] 徐碧波，陈晓云，王嘉莹，等.未来时间洞察力与大学生职业决策自我效能感的关系：领悟社会支持与自尊的链式中介[J].心理学探新，2021，41（3）：276-281，288.

[2] 范玉川.网络成瘾对大学生身体活动的影响：领悟社会支持的调节[J].天津体育学院学报，2020，35（4）：423-427，459.

[3] 戴群，姚家新.老年人体育锻炼与老年人生活满意度关系：自我效能、社会支持、自尊的中介作用[J].北京体育大学学报，2012，35（5）：67-72.

[4] 付利婷，门瑞雪，范志光，等.领悟社会支持对老年人睡眠质量的影响：反刍思维的中介和调节作用[J].中国老年学杂志，2022，42（1）：208-211.

[5] 温忠麟，叶宝娟.有调节的中介模型检验方法：竞争还是替补[J].心理学报，2014，46（5）：714-726.

[6] 卢晶梦，徐勇，李玖玲，等.中等强度体育活动干预对老年认知功能影响的Meta分析[J].中国老年学杂志，2019，39（8）：1887-1891.

[7] Shelton A J, Wang C D, Zhu W, et al. Perceived social support and mental health: cultural orientations as moderators [J]. Journal of Collage Counseling, 2017, 20（3）：194-207.

[8] 储淑雅，王江红，杜慧凤，等.自我关注对大专生生活满意度的影响：领悟社会支持和社会情绪能力的链式中介作用[J].中国健康心理学杂志，2021，29（8）：1271-1276.

作用[1]，获得良好社会支持的老年人会有较高的生活满意度、积极情感和更为主动的老龄观[2]，再次印证了社会支持的主效果和缓冲器模型。因此，领悟社会支持可能会调节体育锻炼与积极老龄化的关系（3b）。鉴于此，本研究假设领悟社会支持可能在体育锻炼与积极老龄化及诱导情绪之间起调节作用（H3）。

综上所述，基于积极老龄化理论模型、积极情绪"拓展—建构"理论、社会支持的主效果模型等，本研究提出3个假设：①体育锻炼可以显著正向预测积极老龄化；②锻炼诱导情绪在体育锻炼与积极老龄化之间起中介作用；③领悟社会支持在体育锻炼与锻炼诱导情绪及积极老龄化的关系中起调节作用。基于这些假设，本研究构建一个有调节的中介模型（图7-5），同时考察体育锻炼、锻炼诱导情绪及领悟社会支持与积极老龄化的关系。具体来说，本研究拟考察体育锻炼预测积极老龄化的中介（锻炼诱导情绪）和调节（领悟社会支持）机制，以便更具针对性地引导老年人进行体育锻炼，为积极应对老龄化提供理论和实证支持。

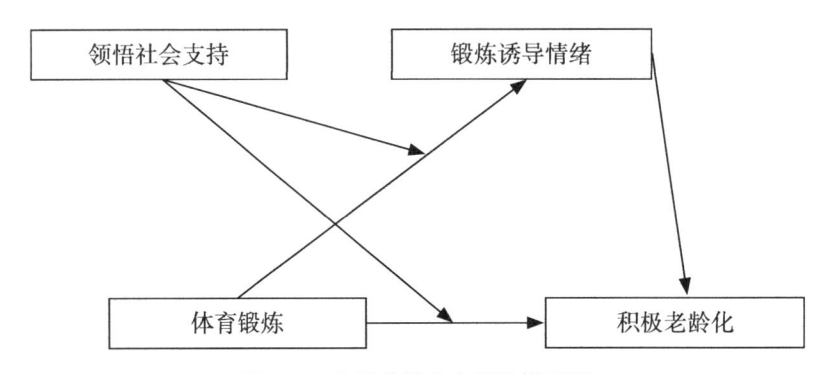

图7-5 有调节的中介假设模型图

---

[1] 张阔，张秉楠，吴捷. 老年人心理弹性、领悟社会支持与抑郁的结构方程模型[J]. 中国老年学杂志，2013，33（14）：3383-3385.

[2] Gow AJ, Pattie A, Whiteman MC, et al. Social support and successful aging: Investigating the relationships between lifetime cognitive change and life satisfaction[J]. Journal of Individual Differences, 2007, 15（2）：203-204.

二、研究对象与方法

（一）调查对象

以公园、社区、健身活动场所等老年人为调查对象，共发放问卷550份，剔除无效问卷，回收有效问卷483份，有效回收率为87.8%。采用G*Power 3.1.9.2软件对本研究样本量的统计效力进行事后分析（Post hocestimation），根据中等效应量（effect size=0.30，α=0.05），结果显示样本的统计检验力power（$1-\beta$）=0.99，表明本研究的样本量充足。研究中男性237人，女性246人；所有被调查者的年龄在60~86之间，平均年龄为69.04±5.59岁；教育程度在小学及以下138人，初中177人，高中/中专116人，大专/大学及以上52人；主要参与太极拳、八段锦、广场舞、健步走、慢跑、乒乓球等锻炼项目；锻炼形式中独自锻炼89人（18.4%）、与朋友一起207人（42.9%）、与家人一起168人（34.8%）、指导中心19人（3.9%）。

（二）研究工具

1. 体育活动等级量表

采用武汉体育学院学者梁德清[1]1994年修订的体育活动等级量表（Physical Activity Rating Scale-3，PARS-3），该量表从体育锻炼的强度、时间和频率三个方面来考察被调查者参与体育活动的等级，

---

[1] 梁德清.高校学生应激水平及其与体育锻炼的关系[J].中国心理卫生杂志，1994，8（1）：5-6.

体育活动量=强度×(时间−1)×频率,每个指标分5个等级,锻炼强度、锻炼时间、锻炼频率从1~5等级分别记1~5分,总分为0~100分。参与体育活动等级评定标准:基本不参加≤4分,小强度5~19分,中等强度20~42分,大强度为≥43分,在本研究中体育活动等级量表的Cronbach's α系数为0.751,表明该量表内部一致性良好。

2. 领悟社会支持量表

采用Zimet等人编制,姜乾金[1]修订的中文版领悟社会支持量表(Perceived social support scale,Psss),通过在国内不同人群中施测,具有良好的信度与效度,对领悟社会支持的预测力已得到公认[2][3]。该量表共12个自评项目,分为家庭支持、朋友支持和其他支持3个维度,采用李克特7点评分法,1(极不同意)到7(极同意),得分越高表示领悟社会支持水平越高。本研究该量表的Cronbach's α系数为0.817,显示有良好的内部一致性。验证性因子分析结果:$\chi^2/df=2.739$,GFI=0.972,CFI=0.978,AGFI=0.929,IFI=0.978,NFI=0.966,TLI=0.953,RMSEA=0.060,表明领悟社会支持量表具有良好的结构效度。

3. 锻炼诱导情绪问卷

选自张力为、毛志雄[4]主编的《体育科学常用心理量表评定手册》中的锻炼诱导情绪问卷(The Exercise-induced Feeling Inventory,EFI),通过在不同运动项目和人群中施测,信效度良好,可作为评估

---

[1] 汪向东,王希林,马弘,等.心理卫生评定量表手册[M].北京:中国心理卫生杂志社,1999,131-133.

[2] 杨强,叶宝娟.感恩对青少年生活满意度的影响:领悟社会支持的中介作用及压力性生活事件的调节作用[J].心理科学,2014,37(3):610-616.

[3] 张何雅婷,张宝山,金豆,等.领悟社会支持在老年人的居住地情感认同和控制感之间的中介作用:一个纵向模型[J].心理与行为研究,2020,18(6):854-860.

[4] 张力为,毛志雄.体育科学常用心理量表评定手册[M].北京:北京体育大学出版社,2010.

个体身体锻炼所引起的即时主观变化的有效测量工具[1][2]。该问卷由活力激发（得分越高，活力和精力就越得到恢复和激发）、身心平静（得分越高，身心就越平和放松）、生理疲惫（得分越高，生理就越疲劳）和积极投入（得分越高，锻炼活动越投入）四个分量表组成，每个分量表包含3个题目，共12个题目，所有题目为正向计分，采用李克特6点计分法，从0（完全没有感受到）到5（非常强烈的感受到），感受程度逐渐增加。本研究该问卷的Cronbach's α 值为0.811，表明具有良好的内部一致性。验证性因子分析结果为：χ^2/df=2.364，GFI=0.971，CFI=0.975，AGFI=0.938，IFI=0.976，NFI=0.958，TLI=0.956，RMSEA=0.053，表明锻炼诱导情绪问卷具有良好的结构效度。

4. 积极老龄化量表

采用詹明娟[1]编制的积极老龄化量表（Active Aging Scale，AAS），该量表包括心理健康、生活调试和社会互动3个维度，共24个条目。采用李克特5点计分法，其中"非常同意"计5分，"同意"计4分，"无意见"计3分，"不同意"计2分，"非常不同意"计1分，得分越高表示他们的积极老龄化程度越高。本研究中该量表的Cronbach's α 系数为0.832，显示内部一致性良好。验证性因子分析结果为：χ^2/df=2.058，GFI=0.946，CFI=0.948，AGFI=0.910，IFI=0.949，NFI=0.906，TLI=0.921，RMSEA=0.046，表明积极老龄化量表具有良好的结构效度。

---

[1] 李卫星，王全军.不同体育运动对大学生锻炼诱导情绪的影响研究[J].陕西科技大学学报（自然科学版），2012，30（1）：174—177.

[2] 陈坚，姒刚彦，夏明.《锻炼诱导情绪问卷》的检验[J].武汉体育学院学报，2007（7）：48—50.

[3] 詹明娟.中高龄学习者休闲态度与活跃老龄化之关系研究[D].广州：暨南国际大学成人与继续教育研究所，2010.

（三）统计学方法

本研究采用SPSS 23.0对数据进行统计分析，用Harman单因素法检验数据的共同方法偏差；通过相关分析来检验各变量间的关系；利用分层回归分析检验有调节的中介模型；采用简单斜率来检验调节效应。

三、研究结果与分析

（一）共同方法偏差检验

虽然在问卷发放过程中做了严格的控制，但由于本研究问卷均为自评量表，所以仍可能存在共同方法偏差的问题。采用Harman单因子检验方法[1]对共同方法偏差进行检验，结果显示，特征根大于1的因子有13个，第一个因子解释的变异量为17.42%（低于临界值40%），因此，可以认为不存在严重的共同方法偏差。

（二）各变量的描述统计和相关分析

经SPSS数据分析，各研究变量的相关矩阵如表7-9所示。体育锻炼与积极老龄化呈显著正相关（$r=0.341$，$p<0.001$），领悟社会支持与积极老龄化显著正相关（$r=0.455$，$p<0.001$），锻炼诱导情绪也与积极老龄化显著相关（$r=0.322$，$p<0.001$），说明这些因素可能是积极老龄化的促进

---

[1]周浩，龙立荣.共同方法偏差的统计检验与控制方法[J].心理科学进展，2004，12（6）：942-950.

因素。体育锻炼与领悟社会支持显著正相关（$r=0.362$，$p<0.001$），体育锻炼与锻炼诱导情绪显著相关（$r=0.320$，$p<0.001$），说明体育锻炼可能是领悟社会支持和锻炼诱导情绪的促进因素。

表7-9 体育锻炼、锻炼诱导情绪、领悟社会支持和积极老龄化的相关矩阵（$n=483$）

变量	M	SD	1.体育锻炼	2.领悟社会支持	3.锻炼诱导情绪	4.积极老龄化
1.体育锻炼	31.57	26.24	1			
2.领悟社会支持	58.64	9.18	0.362***	1		
3.锻炼诱导情绪	35.13	7.23	0.320***	0.254***	1	
4.积极老龄化	80.24	9.45	0.341***	0.455***	0.322***	1

注：*$p<0.05$，**$p<0.01$，***$p<0.001$，下同。

（三）中介效应检验

根据温忠麟等[1]检验方法，有调节的中介效应检验先检验中介效应，再检验调节效应。首先，采用Hayes[2]编制的SPSS宏中Model4进行简单中介模型检验，在控制性别、年龄的情况下，对锻炼诱导情绪在体育锻炼与积极老龄化间的中介效应进行检验（表7-10）。回归分析显示，体育锻炼对积极老龄化的正向预测作用显著（$\beta=0.340$，$t=7.926$，$p<0.001$），且放入中介变量后，体育锻炼对积极老龄化的直接预测作用仍然显著（$\beta=0.264$，$t=6.008$，$p<0.001$）。体育锻炼对锻炼诱导情

---

[1] 温忠麟，张雷，侯杰泰. 有中介的调节变量和有调节的中介变量[J]. 心理学报，2006，38（3）：448-452.

[2] Hayes A F. Introduction to mediation, moderation, and conditional process analysis: A regression-based approach[J]. Journal of Educational Measurement, 2013, 51（3）: 335-337.

绪的正向预测作用显著（$\beta=0.320$，$t=7.389$，$p<0.001$），锻炼诱导情绪对积极老龄化的正向作用也显著（$\beta=0.236$，$t=5.368$，$p<0.001$）。此外，体育锻炼对积极老龄化的直接效应及锻炼诱导情绪的中介效应Bootstrap95%置信区间均不包含0，说明体育锻炼对积极老龄化的正向预测作用显著；锻炼诱导情绪在体育锻炼与积极老龄化之间的中介效应显著，因此，锻炼诱导情绪在两者的关系中起部分中介作用，假设2得到支持。

表7-10 锻炼诱导情绪的中介效应检验

	方程1 因变量：积极老龄化		方程2 因变量：锻炼诱导情绪		方程3 因变量：积极老龄化	
	β	t	β	t	β	t
体育锻炼	0.340	7.926***	0.320	7.389***	0.264	6.008***
锻炼诱导情绪					0.236	5.368***
性别	0.050	1.174	0.007	0.163	0.049	1.168
年龄	−0.025	−0.588	−0.025	−0.571	−0.019	−0.465
R^2	0.119		0.103		0.169	
F	21.654***		18.293***		24.388***	

注：*$p<0.05$，**$p<0.01$，***$p<0.001$。

（四）有调节的中介模型检验

采用Hayes编制的SPSS宏中的Model8检验本研究中假设模型前半段及直接路径的调节情况，除性别外，先将各变量标准化，再将体育锻炼与领悟社会支持的Z分数相乘，作为体育锻炼与领悟社会支持的交互作用项分数[1]。对所有预测变量做多重共线性检验，预测变量方差

---

[1] 温忠麟，侯杰泰，Marsh H W.结构方程模型中调节效应的标准化估计［J］.心理学报，2008，40（6）：729-736.

膨胀因子（variance inflation factor）均不高于1.306，所以不存在多重共线性问题。在控制性别、年龄变量后，对模型进行检验，结果如下（表7-11）。

表7-11 有调节的中介模型检验

	方程1 因变量：积极老龄化		方程2 因变量：锻炼诱导情绪		方程3 因变量：积极老龄化	
	β	t	β	t	β	t
体育锻炼	0.230	5.290***	0.285	6.092***	0.181	4.077***
领悟社会支持	0.403	9.391***	0.177	3.829***	0.372	8.693***
体育锻炼×领悟社会支持	−0.119	−2.826**	−0.100	−2.247*	−0.100	−2.437*
锻炼诱导情绪					0.171	4.099***
性别	0.056	1.419	0.029	0.342	0.107	1.378
年龄	−0.040	−1.013	−0.031	−0.732	−0.035	−0.891
R^2	0.259		0.134		0.284	
F	33.366***		14.806***		31.528***	

注：*p<00.05，**p<00.01，***p<00.001。

在方程1中，体育锻炼对积极老龄化正向预测作用显著（β=0.230，t=5.290，p<0.001），假设1得到支持。在方程2中，体育锻炼对锻炼诱导情绪的正向预测作用显著（β=0.285，t=6.092，p<0.001），体育锻炼与领悟社会支持的交互项对锻炼诱导情绪的预测作用显著（β=−0.100，t=−2.247，p<0.05），说明领悟社会支持能够调节体育锻炼与锻炼诱导情绪之间的关系，假设3a得到支持。在方程3中，放入中介变量后，锻炼诱导情绪对积极老龄化的预测作用显著（β=0.171，t=4.099，p<0.001），体育锻炼与领悟社会支持的交互项对积极老龄化的预测作用显著（β=−0.100，t=−2.437，p<0.05），假设3b得到支持，所以，假设3成立。因此，领悟社会支持不仅能够在体育锻炼对积极老龄化的直

接预测中起调节作用，而且能够调节体育锻炼对锻炼诱导情绪的预测作用。

为进一步揭示领悟社会支持的调节机制，根据普里彻（Preacher）等[1]的建议，按照平均数上下一个标准差，将领悟社会支持分为高领悟社会支持组（$M+1SD$）和低领悟社会支持组（$M-1SD$），根据回归方程绘制简单斜率效应图（图7-6、图7-7）。首先，探讨领悟社会支持如何调节体育锻炼对积极老龄化关系间的直接效应（简单斜率图7-6），结果发现，当领悟社会支持水平较低（$M-1SD$）时，体育锻炼对积极老龄化的预测作用显著（$simple\ slope=0.27$，$t=4.17$，$p<0.001$）；而领悟社会支持水平较高（$M+1SD$）时，体育锻炼对积极老龄化的预测作用不显著（$simple\ slope=0.08$，$t=1.56$，$p>0.05$），说明老年人领悟社会支持越低，体育锻炼对积极老龄化的影响越大，相反，在高领悟社会支持下，体育锻炼对积极老龄化可能不具有显著影响。其次，探讨领悟社会支持在中介模型的前半路径对体育锻炼与锻炼诱导情绪之间的调节效应（简单斜率图7-7），结果发现，当领悟社会支持水平较低（$M-1SD$）时，体育锻炼对锻炼诱导情绪的正向预测作用显著（$simple\ slope=0.39$，$t=5.39$，$p<0.001$）；领悟社会支持水平较高（$M+1SD$）时，体育锻炼对锻炼诱导情绪的正向预测作用显著（$simple\ slope=0.19$，$t=3.26$，$p<0.01$），但预测作用有所减弱（$simple\ slope$值由0.39变为0.19），说明相较于高领悟社会支持，在低领悟社会支持下，体育锻炼对锻炼诱导情绪的影响可能更大。

---

[1] Preacher K J, Curran P J, Bauer D J. Computational tools for probing interactions in multiple linear regression, multilevel modeling, and latent curve analysis [J]. Journal of Educational and Behavioral Statistics, 2006, 31（4）：437-448.

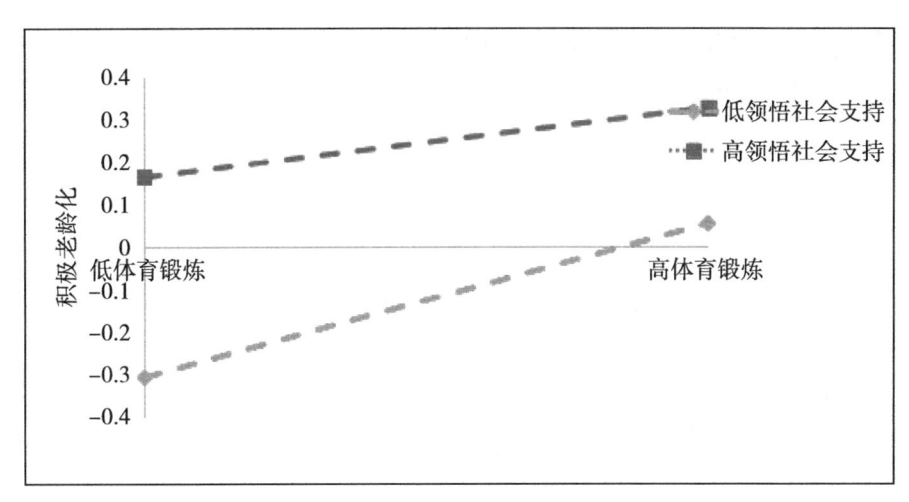

图7-6　领悟社会支持在体育锻炼与积极老龄化关系中的调节作用

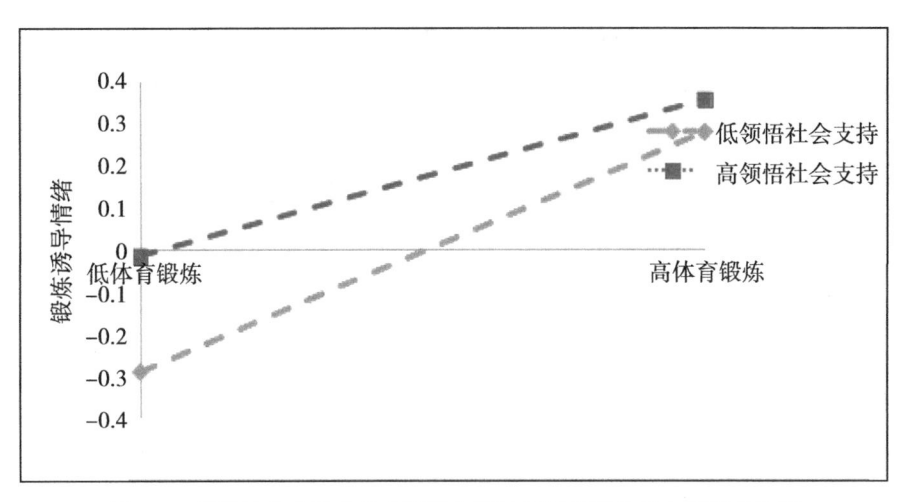

图7-7　领悟社会支持在体育锻炼与锻炼诱导情绪关系中的调节作用

四、有调节的中介模型分析

在健康中国和体育强国的大环境下，体育锻炼是老年人获得身心健康的最快捷最安全有效的方式之一。本研究发现老年人参加体育锻炼对积极老龄化有积极促进作用，在证实了体育锻炼与积极老龄化直接联系的基础上，研究构建并验证了一个有调节的中介模型，探讨了体育锻炼对积极老龄化的影响机制。

（一）体育锻炼对积极老龄化的直接影响

本研究发现，体育锻炼能够正向预测积极老龄化，即个体越积极参与体育锻炼，其积极老龄化程度就越高。这与锻炼领域积极老龄化的研究结果相契合：体育锻炼作为健康的"增益因子"，对积极老龄化具有促进作用，坚持参与一定周期的体育锻炼效果明显[1]。

老年人是社会重点关注的特殊群体，其健康程度直接影响积极老龄化进程。依据再社会化理论，离退休老年人为适应生活需要，通过积极参加各种社会活动（包括体育休闲锻炼活动）来维持和拓展社会网络关系，增强社会融入感，以提高社会角色适应能力，促进积极老龄化[2]。而体育锻炼无论是从生理学、心理学或是社会学角度都能证实其对积极老龄化的促进作用。生理学角度证据显示：体育锻炼能够刺激快乐因子——多巴胺、内啡肽的分泌，诱发愉悦感，积极应对老化过程；心理学方面，体育锻炼可以缓解紧张、焦虑、抑郁等消极情绪，提升身体自我价值感[3]；社会学方面，体育锻炼促进社会参与，增进人际关系和谐度、社会认同和社会支持已得到广泛认可。相关证据表明，积极老龄化本质是社会适应的过程，体育锻炼作为积极的社会互动活动，能够为老年人个体营造人际互动的机会和平台，有利于建立广泛的人际关系网

---

[1] EL-abbadi N H, Dao M C, Meydant S N. Yogurt: Role in healthy and active aging [J]. The American journal of clinical nutrition（S5），2014：1263S–1270S.

[2] 仇军，钟建伟，郭红卫. 体育社会化的理论及其研究进展[J]. 体育科学，2008（5）：62–68.

[3] 孙延林，王志庆，姚家新，等. 体育锻炼与心理健康：认知、焦虑、抑郁和自我概念的研究进展[J]. 生理科学进展，2014，45（5）：337–342.

络,提升社会适应能力[1]。在健康中国、体育强国、积极应对老龄化三大国家战略背景下,体育锻炼是实现三大战略的共通之处,是实现老年人积极老龄化的重要保障行为。

(二)锻炼诱导情绪的中介效应

锻炼诱导情绪是指个体在体育锻炼中和锻炼后即时诱发的主观情绪体验,本研究以新的研究视角,引入锻炼诱导情绪来探讨体育锻炼影响积极老龄化的具体机制。本研究发现,锻炼诱导情绪在体育锻炼与积极老龄化间存在部分中介效应(体育锻炼→锻炼诱导情绪→积极老龄化成立),即体育锻炼不仅对积极老龄化有直接的正向预测作用,还能通过锻炼诱导情绪的中介作用来影响积极老龄化。该结果支持以往的研究,即情绪作为锻炼心理学的重要研究方向,是锻炼产生心理效益的重要中间变量[2]。

就体育锻炼与锻炼诱导情绪的关系来看,体育锻炼是影响锻炼诱导情绪的积极因素,符合积极情绪"拓展—建构"理论,具体言之,体育锻炼通过促进大脑释放多巴胺、内啡肽和肾上腺素等兴奋性物质来改善情绪状态,个体在运动时体验到的愉悦感是一种积极的情绪体验,这种积极情绪反之又能提升个体体育锻炼的参与度和坚持性。这也与已有研究结果一致:老年人体育锻炼后,积极情绪增加,消极情绪减少[3];体育锻炼诱发的积极情绪是促进老年人正确看待老化过程,提升价值存在感的重要因素。有关锻炼诱导情绪与积极老龄化的实证研究表明,老年

---

[1] 陈章源,於鹏.体育锻炼对大学生主观幸福感的影响:同伴关系的中介效应[J].首都体育学院学报,2015,27(2):165-171.

[2] 郭宇刚,田玉,张玉宝.青少年锻炼动机与锻炼行为——情绪体验中介作用的研究[C]//.第十一届全国运动心理学学术会议摘要集(会后版),2018:67.

[3] 谭玉霞,崔冬雪,高峰,等.河北省部分城市老年人体育锻炼与生活幸福指数的相关性[J].中国老年学杂志,2018,38(3):737-739.

人在老化的过程中仍有较多积极的情绪体验[1]，且老化态度的积极程度与积极老龄化呈正相关，即应对老龄化的态度越积极，越容易感受到锻炼过程中的幸福感和愉悦感[2]，越有利于积极老龄化的实现。可见，锻炼诱导情绪是体育锻炼与积极老龄化之间的重要心理变量，既是锻炼能够产生身心效益的重要因素，又是维持体育锻炼坚持性的重要因子。

（三）领悟社会支持的调节效应

本研究发现，体育锻炼与积极老龄化间的中介作用受到领悟社会支持的调节，表明锻炼诱导情绪在体育锻炼与积极老龄化之间的中介作用是有条件的。具体而言，在体育锻炼对积极老龄化的直接效应（体育锻炼→积极老龄化）中，领悟社会支持越低，体育锻炼对积极老龄化的影响越大。在体育锻炼、锻炼诱导情绪和积极老龄化这一中介效应的前半路径上（体育锻炼→锻炼诱导情绪），相较于高领悟社会支持，在低领悟社会支持下，体育锻炼对锻炼诱导情绪的影响更大。这与领悟社会支持调节效应的相关研究基本一致：领悟社会支持在慢性病与孤独感间起调节作用[3]，在网络成瘾与大学生身体活动的关系中具有调节效应[4]，在压力知觉对抑郁及心理韧性的关系中有调节作用[5]。

对于领悟社会支持在体育锻炼对积极老龄化直接影响中的调节效

---

[1] Carstensen L L, Pasupathi M, Mayr U, et al. Emotional experience in everyday life across the adult life span [J]. Journal of Personality&Social Psychology, 2000, 79（4）: 644-655.

[2] Cheng S T, Fung H H, Chan A. Self-perception and psychological well-being: The benefits of foreseeing a worse future [J]. Psychology and Aging, 2009, 24（3）: 623-633.

[3] 肖淑娟，石磊，董芳，等. 慢性病对老年人孤独感的影响：认知功能的中介作用和领悟社会支持的调节作用 [J]. 现代预防医学，2021, 48（15）: 2777-2780, 2807.

[4] 范玉川. 网络成瘾对大学生身体活动的影响：领悟社会支持的调节 [J]. 天津体育学院学报，2020, 35（4）: 423-427, 459.

[5] 叶宝娟，朱黎君，方小婷，等. 压力知觉对大学生抑郁的影响：有调节的中介模型 [J]. 心理发展与教育，2018, 34（4）: 497-503.

第七章　健康中国背景下体育锻炼与积极老龄化实证研究

应,只有低领悟社会支持在体育锻炼对积极老龄化的影响中有显著调节作用,可能是因为在低领悟社会支持下,老年人个体较少感知到来自社会的支持,因此,借助体育锻炼这一积极方式来参与社会活动,寻找社会支持与认同感;而个体领悟社会支持越高,其越能感受到来自外界的关怀与力量,生活满意度和主观幸福感也越高[1],应对老龄化的态度越积极主动,此时体育锻炼的促进作用并不突显。符合社会支持的主效应模型:社会支持具有普适性的增益效用,增加社会支持会提升个体的健康状况[2]。

对于领悟社会支持在中介效应前半路径的调节效应,本研究显示,无论领悟社会支持水平高低,其对体育锻炼与锻炼诱导情绪的调节作用都显著,但低领悟社会支持下的调节效应更大。依据社会支持主效应模型:社会支持作为一项个人重要资源,对个体情绪行为问题具有保护作用,能有效平衡或降低消极情绪的负面影响[3][4]。社会支持的缓冲器模型指出,个体面临压力性情境时,从所处近端的社会关系(家人、朋友等)中获得的社会支持是重要的保护性资源之一,有助于维持其心理健康水平和正常发展[5]。以往研究显示:不同来源的社会支持对老年人生活质量的影响存在差异[6],家庭支持会给老年人以长久的情感支持,来自朋友和其他方面的支持可以增进人际关系,提高老年人参与锻炼的

---

[1] Lin P C, Yen M, Feter S J, et al. Quality of life in elders living alone in Taiwan [J]. Journal of Clinical Nursing, 2008, 17 (12): 1610–1617.

[2] House J S, Umberson D, Landis K R. Structures and processes of social support [J]. Annual Review of Sociology, 1988, 14 (1): 293–318.

[3] 辛自强, 池丽萍. 快乐感与社会支持的关系 [J]. 心理学报, 2001 (5): 442–447.

[4] 陈琼妮, 刘莉, 张丹, 等. 社会支持对精神分裂症患者生活质量和康复的影响 [J]. 中国临床心理学杂志, 2016, 24 (1): 185–187.

[5] Miloseva L, Vukosavljevic-Gvozden T, Richter K, et al. Perceived social support as a moderator between negative life events and depression in adolescence: Implications for prediction and targeted prevention [J]. EPMA Journal, 2017, 8 (3): 237–245.

[6] 陈伟嘉, 吴寒斌. 关系流动性对老年人生活质量的影响:社会支持和生命意义感的链式中介作用 [J]. 中国健康心理学杂志, 2022, 30 (2): 186–190.

热情；领悟社会支持能够正向预测个人心理品质，领悟社会支持较高的个体更倾向采取积极正能量的方式解决问题[1]。因而，相较于高领悟社会支持，低领悟社会支持下的老年人个体更倾向于通过体育锻炼提升积极情绪体验，进而有效促进积极老龄化的实现。

社会生态学理论指出：个体的行为是个体与周边环境相互作用过程中形成的，强调个体行为的发展是嵌套于相互影响的一系列环境系统之中，系统与个体相互作用并影响着个体行为的发展[2]。据此可知，积极老龄化同样是需个体与周边环境（锻炼环境、支持环境等）相互作用实现的。总之，本研究结果显示，领悟社会支持也是保持老年人身心健康和促进积极老龄化的重要资源。所以，老年人积极老龄化实现不仅需要物质和锻炼层面的保障，来自家庭、朋友的支持、良好的人际交往等也是不可或缺的。同时，还要兼顾老年人的积极情绪和情感，使他们在良好的环境氛围下锻炼，感受生命的活力与价值，以乐观的态度应对老龄化过程。

（四）实践启示

基于以往研究，本研究进一步揭示了体育锻炼对积极老龄化的作用机制。理论上，支持积极老龄化理论、积极情绪"拓展—建构"理论、社会生态学理论及社会支持的主效果模型等，为体育锻炼对积极老龄化的影响提供了实证支持。在实践中，对于推进和干预积极老龄化也具有一定启示意义。首先，重视体育锻炼对积极老龄化的积极效益。体育锻炼作为健康的"增益因子"，对积极老龄化同样具有促进作用。积极应对老龄化是全方位的国家与社会行动，同时是长期的过程，如何尽快促

---

[1] 林静，涂巍. 大学生积极心理品质与应对方式、领悟社会支持的关系[J]. 中国健康心理学杂志，2015，23（2）：225-228.

[2] 郭正茂，杨剑. 体育文化分层对青少年中高强度身体活动的影响——基于社会生态学理论的考察[J]. 上海体育学院学报，2020，44（9）：64-73.

进积极老龄化，应高度重视体育锻炼的作用，积极引导老年人参与各种体育锻炼活动，或将诸如太极拳、八段锦、广场舞、健步走等作为干预手段，对老年人实施一定周期的干预锻炼，从而促进积极老龄化。其次，关注老年人锻炼的即时情绪体验。离退休老年人角色与地位转变，通过体育锻炼参与社会活动和提升社会资源不失为一种有效方式，但体育锻炼过程中或锻炼后所产生的即时积极情绪体验是促进个体继续从事锻炼行为的"催化剂"，关注并发挥积极情绪对老年人体育锻炼的促进作用显得尤为重要。再者，创建积极老龄化支持性环境。积极老龄化的支持性环境具体包括宏观政策环境、微观现实环境等多个层次，在重视相关政策的基础上，不可忽视微观层面（家庭、朋友、社会支持等）的环境，通过各方社会力量促进积极老龄化。

五、研究结论与展望

（一）研究结论

一是体育锻炼对积极老龄化具有显著正向预测作用；二是锻炼诱导情绪在体育锻炼与积极老龄化间起部分中介作用；三是"体育锻炼→锻炼诱导情绪→积极老龄化"的直接路径及中介路径的前半段均受领悟社会支持的调节。具体而言，相对于高领悟社会支持，体育锻炼对低领悟社会支持个体的锻炼诱导情绪和积极老龄化影响作用更显著。

（二）局限与展望

本研究探讨了体育锻炼、锻炼诱导情绪、领悟社会支持等积极心理变量对积极老龄化的影响，但不排除自尊、心理韧性、人际适应等变量的中介和调节效应，建议未来研究积极探索体育锻炼与积极老龄化之间的其他有效预测变量。

本研究采用横断研究，探索体育锻炼、积极老龄化、领悟社会支持和锻炼诱导情绪四者之间的关系，但无法做进一步的因果判断，建议未来加强纵向追踪或交叉滞后研究，进一步确定各变量间的因果关系及其内在机制。

本研究以运动量指标反映体育锻炼，虽考虑到锻炼时间、强度、频率因素，但不同锻炼内容与方式等因素间老年人积极老龄化可能存在差异，建议未来研究重视对不同锻炼内容和方式的探讨，以确定促进积极老龄化的有效锻炼方式。

参考文献

［1］王先益，张芳，李金芳. 老龄工作概论［M］. 北京：中国社会出版社，2012.

［2］鄂沧萍，姜向群. 老年学概论［M］. 北京：中国人民大学出版社，2014：24-27.

［3］王燕鸣. 老年体育学［M］. 济南：山东大学出版社，2012.

［4］王胜今. 中国人口与全面建设小康社会［M］. 长春：吉林大学出版社，2008.

［5］董新光. 全民健身大视野［M］. 北京：北京体育大学出版社，2005.

［6］卢元镇. 全民健身与生活方式［M］. 北京：北京体育大学出版社，2001.

［7］周兰君，WojtekChodzko-Zajko. 美国促进中老年人身体活动计划的研究［J］. 西安体育学院学报，2009（4）.

［8］刘明辉. 创建中国特色的老年体育学及其学科体系研究［J］. 体育科学研究，2009（2）：28.

［9］令宝，万炳军. 老年人健康问题及其健身锻炼［J］. 西安体育学院学报，2004（S1）.

［10］睦小琴，赵宝椿，李田，等. 发展我国老年体育的意义与对策［J］. 北京体育大学学报，2006（11）.

［11］肖大力. 老年体育热的社会心理学解读及其可持续发展思考［J］. 成都体育学院学报，2008，（5）：14-16，36.

［12］汤晓玲. 对影响老年人体育锻炼动机的社会学分析［J］. 成都体育学院学报，2012（4）.

[13] 裴立新. 我国老龄化现状分析及老年体育对策研究 [J]. 体育与科学, 2012（3）: 23-27.

[14] 李宗华. 积极老龄化背景下城市老年人社会参与的实证研究 [J]. 浙江大学学报, 2009（12）: 4.

[15] 张虹. 中国人口的老龄化与老年体育 [J]. 南京师范大学学报, 2012, 16（1）.

[16] 陈社英. 积极老龄化与中国: 观点与问题透视 [J]. 文化周刊, 2010（6）: 4.

[17] 肖大力. 老年体育热的社会心理学解读及其可持续发展思考 [J]. 成都体育学院学报, 2008（4）.

[18] 颜小燕. 基于人口老龄化视域: 对城市社区老年体育健身服务的实证性研究——以安徽省部分城市社区为例 [J]. 西安体育学院学报, 2013（30）: 5.

[19] 曹洪. 基于体育公共服务视野下江苏省老年人体育心理需求的研究 [J]. 南京体育学院学报, 2014.

[20] 王雪峰, 高力翔. 南京市城区老年人体育生活现状的社会学分析 [J]. 南京体育学院学报: 社会科学版, 2014（5）.

[21] 王锐. 我国城市老年人体育健身活动现状综述 [J]. 山东体育学院学报, 2007（18）: 4.

[22] 宋全成, 崔瑞宁. 人口高速老龄化的理论应对——从健康老龄化到积极老龄化 [J]. 山东社会科学, 2013（4）: 36-41.

[23] 邬沧萍. 积极应对人口老龄化理论诠释 [J]. 老龄科学研究, 2013, 1（1）: 4-13.

[24] 王锐. 我国城市老年人体育健身活动现状综述 [J]. 山东体育学院学报, 2002（1）.

[25] 国务院. 关于加快发展体育产业促进体育消费的若干意见 [EB/OL]. [2014-10-20] http://www.gov.cn/gongbao/content/2014/content_2771071.htm.

［26］王雪峰，吕树庭. 广州市城区老年人体育生活的现状及未来走向研究［J］. 体育科学，2014（4）36.

［27］汪华娣. 人口老龄化背景下社区体育现状调查研究——以杭州市老龄人为例［J］. 浙江大学学报，2011（5）.

［28］中共中央国务院印发［EB/OL］.《国家积极应对人口老龄化中长期规划》. 2019.11. http：//www.gov.cn/zhengce/2019-11/21/content_5454347.htm.

［29］穆光宗，张团. 我国人口老龄化的发展趋势及其战略应对［J］. 华中师范大学学报（人文社会科学版），2011，50（5）.

［30］刘文，焦佩. 国际视野中的积极老龄化研究［J］. 中山大学学报（社会科学版），2015，55（1）.